小学数学中 "转化思想" 的渗透教学

罗宜填◎著

东北师范大学出版社

长春

图书在版编目（CIP）数据

小学数学中"转化思想"的渗透教学 / 罗宜填著
. — 长春：东北师范大学出版社，2020.10
ISBN 978-7-5681-7288-2

Ⅰ. ①小… Ⅱ. ①罗… Ⅲ. ①小学数学课—教学研究
Ⅳ. ①G623.502

中国版本图书馆CIP数据核字（2020）第198788号

□责任编辑：邓江英　　　　　□封面设计：言之凿
□责任校对：刘彦妮　张小娅　□责任印制：许　冰

东北师范大学出版社出版发行
长春净月经济开发区金宝街 118 号（邮政编码：130117）
电话：0431-84568115
网址：http://www.nenup.com
北京言之凿文化发展有限公司设计部制版
北京政采印刷服务有限公司印装
北京市中关村科技园区通州园金桥科技产业基地环科中路 17 号（邮编：101102）
2022年6月第1版　2022年6月第1次印刷
幅面尺寸：170mm×240mm　印张：13.75　字数：217千

定价：45.00元

翻开数学发展的史册，关于"转化思想"的例子不胜枚举。转化思想在我国古代历史故事中已有记载，如"曹冲称象"的故事在中国几乎妇孺皆知。年仅六岁的曹冲，用许多石头代替大象，在船舷上刻画记号，让大象与石头等重，然后再一次一次称出石头的重量，就这样解决了一个让许多有学问的成年人都一筹莫展的难题。曹冲既不懂得阿基米德浮力原理，也不懂得什么转化思想。曹冲的聪明之处在于将"大"转化为"小"，将"大象"转化为"石头"，在这里转化思想起了关键的作用，这也说明它就蕴含在我们的生活中，看你是否有心去发现它、运用它。转化是一种重要的数学思想，它是解决数学问题的一种有效的策略——利用已有的知识和经验，将问题从复杂化转向简单化。转化思想的掌握与获取数学知识、技能一样，有一个感知、领悟、掌握、应用的过程，这个过程是长期的，需要潜移默化、逐步积累。

　　《小学数学中"转化思想"的渗透教学》分理论阐述篇、研究应用篇和实践设计篇三部分内容，是笔者及团队成员对"转化思想"进行多年实践与研究的成果。理论阐述篇介绍了研究背景和概念以及"数与代数""图形与几何""统计与概率"和"综合与实践"四大领域中转化思想的渗透等内容。研究应用篇是对教师在研究过程中对转化思想的一些阐述和教学案例的分析。实践设计篇主要是在研究过程中成型的一些课例设计。

　　转化思想是由三大数学思想之一的推理思想派生出来的一种数学思想，它是指在研究和解决有关数学问题时，通过观察、分析、联想、类比等思维过程，运用某种恰当的方法、手段或策略，将数学问题进行转化。小学是学习数学知识的启蒙时期，是学生思维发展的重要时期，学生了解、掌握和运用转化思想，不仅有利于提高学习数学的效率、开发智力、培养数学能力、提高数学应用意识，还能为后继学习和未来发展乃至终生发展奠定坚实的基础。

　　由于是第一次出书，在研究和撰写过程中，笔者及本团队老师因经验不足、创作能力还在进步中，可能会存在或多或少的问题，敬请读者批评指正。

目录

上 篇　理论阐述

中 篇　转化思想的研究与应用

《《 下 篇　转化思想的实践与设计 》》

深圳市宝安区教育科学研究培训中心

深圳市宝安区教育科学"十二五"规划
2014 年度课题立项通知书

西乡街道第二小学：

经深圳市宝安区教育科学规划领导小组批准，同意你单位**罗宜填**申报的"小学数学教学中'转化思想'的渗透设计与实施研究"为深圳市宝安区教育科学"十二五"规划 2014 年度立项课题。

课题类别：一般课题

课题编号：2014-019

课题有效期为：2014 年 11 月至 2016 年 10 月

请按照有关要求认真开展课题研究。

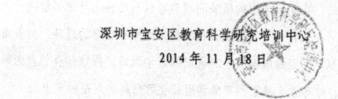

深圳市宝安区教育科学研究培训中心

2014 年 11 月 18 日

匈牙利著名数学家罗莎·彼得在他的名著《无穷的玩艺》中，通过一个十分生动而有趣的笑话，来说明数学家是如何运用转化思想方法来解题的。有人提出了这样一个问题："假设在你面前有煤气灶、水龙头、水壶和火柴，你想烧开水，应当怎样去做？"对此，某人回答说："在壶中灌上水，点燃煤气，再把壶放在煤气灶上。"提问者肯定了这一回答，但是，他又追问道："如果其他的条件都没有变化，只是水壶中已经有了足够的水，那你又应该怎样去做？"这时被提问者一定会大声而有把握地回答说："点燃煤气，再把水壶放上去。"但是还有这样的回答："只有物理学家才会按照刚才所说的办法去做，而数学家却会回答'只需把水壶中的水倒掉，问题就转化为前面所说的问题了'。""把水倒掉"，这就是转化，是数学家常用的方法。

转化思想是指将待解决或未解决的问题，转化为在已有知识的范围内可解决的问题，它是解决数学问题的基本思路和途径之一，是一种重要的数学思想方法。转化思想是解决数学问题常用的思想方法，小学数学中的很多问题都可以利用转化思想来解决。面对新的问题，首先要考虑能否将其转化成原来已有的经验，能否用原来的知识和经验来解决。21世纪的数学教师，应该结合相应的数学情境，培养学生善于和习惯利用转化思想解决问题的意识。

上 篇

理 论 阐 述

转化思想的研究背景

一、从课程标准总体目标看

《义务教育数学课程标准（2011年版）》（下称《课标》）总目标第一条指出：通过义务教育阶段的数学学习，学生能获得适应社会生活和进一步发展所必需的数学的基础知识、基本技能、基本思想、基本活动经验。《课标》将数学基本思想作为"四基"之一提出，可见向学生渗透数学思想的重要性和必要性，而转化思想便是小学数学思想方法之一。

二、从学生数学学习方法看

在学习与领悟《课标》时，笔者第一次对数学思想有了比较全面的了解，以前只知道几种数学思想的名字，并认为数学思想高深莫测，无法向学生渗透。通过学习，笔者知道了"基本思想"是贯串整个数学教学的主线，学生领会之后能够终身受益，而其中对学生今后的社会生活和进一步发展最有用的就是数学思想和方法。

三、从目前教材编写特点看

我们整个小学数学体系中转化思想无处不在，无论是概念的引入、应用，还是问题的设计、解答，抑或知识的复习、整理，随处可见转化思想的渗透和应用。如"数与代数"领域中数与形的转化，"看减法想加法、看乘法想除法"，小数乘除法转化成整数乘除法，"鸡兔同笼""解方程"中由繁向简的转化，"图形与几何"领域中"三角形的内角和""三角形、平行四边形、梯形的面积"的计算，"圆的面积"等未知向已知的转化、立体向平面的转化……其目的不仅仅是由难向易的转化、抽象与直观的转化、一般与特殊的转化，更重要的是实现理论向实际、思想性向实用性的转化。因此，转化思想是数学思想的核心和精髓，是数学思想的灵魂。

四、从课堂教学的必要性看

在教学中，笔者发现大部分学生对知识不能融会贯通、灵活运用，导致成绩不理想。笔者认为关键问题就是学生没有掌握其中所蕴含的数学思想方法，不能在已有知识的基础上将未知转化为已知。

笔者发现在我们的日常教学中还存在很多弊端：

（1）有些教师只注重基础知识的传授，忽视对学生学习方法的指导。

（2）有些教师缺乏数学思想方法教学的意识性，致使数学教学停留在较低的层次上。

（3）教师本体知识不够，对数学思想的渗透不够重视，适时渗透意识不强，教学方法不明。

数学教学不应仅仅是单纯的知识传授，更应注重对其中所蕴含的数学思想方法进行提炼和总结。数学思想方法反映着数学概念、原理及规律的联系，是学生形成良好认知结构的纽带，是培养学生能力的桥梁。在教学中渗透数学思想是全面提高数学教学质量的重要途径。

从小学到中学，数学知识呈现出一个由易到难、从简到繁的过程。人们在学习数学、理解和掌握数学的过程中，经常通过把陌生的知识转化为熟悉的知识、把繁难的知识转化为简单的知识，逐步解决各种复杂的数学问题。因此，转化思想既是一般化的数学思想方法，具有普遍意义；同时，转化思想也是攻克各种复杂问题的法宝之一，具有重要的意义和作用。

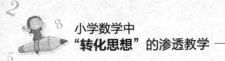

转化思想的概念界定

一、转化思想的概念

转化思想是小学阶段基本数学思想中一种最重要的数学思想，也是小学数学学习中分析问题和解决问题的一种最重要、基本的数学思想方法，它是通过数学元素之间的联系将未知领域向已知领域转化，从而找出它们之间的本质联系解决数学问题的一种思想方法。美国教育心理学家布卢姆在《教育目标分类学》一书中明确指出，数学转化思想是"把问题元素从一种形式向另一种形式转化的能力"。

渗透，有以下几种含义：一是指液体从物体的细小空隙中透过；二是指沁出；三是指从缝隙中穿过；四是比喻一种思想或势力逐渐向其他方面扩展；五是包装工程中的渗透，指气体或蒸汽直接溶入包装材料的一个侧面，向材料本身扩散，并从另一侧面解析的过程。本书采用第四种解释，即教师在教学中把转化思想有机渗入学生心中，潜移默化地影响学生学习、思维、解决问题能力的一种教学方式。

二、转化思想的作用

转化是把待解决的问题从一种形式转化为另一种形式。转化的作用十分广泛，并不局限于个别具体问题的解决。

1. 优化解题方法

追求解题方法的简捷、深刻、优美，是数学思想的最大特点。有些数学问题通过转化，不只获得了解决方法，更重要的是获得了解法的优化。

2. 揭露问题本质

历史上有不少数学问题，在原来提出这一问题的领域内很难解决，甚至无法解决，就像人不能自举其身一样，"不识庐山真面目，只缘身在此山中"。但是，如果把问题转化到另一领域中，就可以迎刃而解了。例如，著名的古希腊几何作图三大难题（三分角问题、化圆为方问题、立方倍积问题）在欧式几何中长期未能解决，直到20世纪把它转化为代数问题后才彻底解决。

3. 开辟研究领域

在区组设计等问题中，要用到所谓"正交拉丁方"，正交拉丁方这一重要的数学分支，来源于腓特烈大帝的"36军官问题"。当人们把腓特烈大帝所要求的方阵映射为拉丁方以后，便产生了区组设计这一新的数学分支。

三、转化思想的方向

转化的基本目的是把待解决的问题转化为易于解决的问题，但怎样才能达到这一目的呢？那就必须具体问题具体分析了，而不可能有万灵的药方。下面介绍在初等数学中常见的几种转化方向。

1. 转化为特殊情况

有的数学问题要求的结论，在一般情况下不容易推出，但在特殊情况下非常易于处理，并且在很多时候特例对一般情况的解决有奠基或桥梁的作用，因此把一般问题转化为特例，常有助于问题的解决。

2. 转化为奠基条件

这一类问题的特征是，问题甲在问题乙的基础上求解，问题乙又在问题丙的基础上求解，这样逐步转化下去，一直追溯到最原始的基础，然后逆其次序即可得到问题的解。

3. 转化为典型状态

转化为典型状态也是数学中最常见的转化方向，所谓典型问题是指那些具有标准形式和固定解法程序的问题。

4. 转化为渐近过程

数学研究中，许多问题常常不可能一开始就直接获得解决，往往需要退而求其次，采取迂回包抄、逐步逼近的办法求解。因此，常把问题转化为渐近状态。

5. 转化为已能解决的问题

这是转化思想中最重要也是最有效的思想之一。

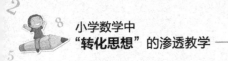
我国当代数学家徐利治教授近年来致力于数学思想方法的研究，作出了杰出的贡献。他提出的"关系映射反演"方法又称为RMI原理，是把数学问题向已解决问题转化这一思想的典型范例。

四、转化思想的途径

确定了转化的方向，还有一个如何实现转化的问题，即通过一条什么路线达到转化的要求，这当然也要具体问题具体分析。

1. 直接转化

（1）特殊化思想，包括特例思想、分布思想和分类思想；

（2）一般化思想，包括模型化思想和强化命题思想；

（3）变换思想，包括数式变形和变量替换思想、几何变换思想和命题转化思想——分析、综合、间接证明。

2. 横向转化

（1）映射思想，包括配对思想、划分思想、赋值思想、表示思想、同态思想；

（2）转化思想。

在小学数学中，转化思想是一种常用的数学思想。所谓转化思想，就是在研究和解决有关数学问题时采用某种方法或手段将未知的问题转化为已知的问题，将复杂的问题转化为简单的问题，将抽象的问题转化为具体的问题，将实际问题转化为数学问题，等等，最终使问题获得解决。

五、转化思想的方式

1. 数与形的转化

这是转化思想中最主要的一种问题解决策略。例如，6和5，比一比谁大。画图（见图1），由抽象的数字转化成可见的图形进行比较，便可知道其大小，以及大者比小者多多少个。

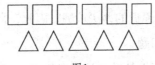

图1

2. 数与式的转化

这是在解方程中常用的一种问题解决策略。例如，已知 $2x=8$，那么 $3x+4=$（　　）。解决这样的代数式，首先需要通过解方程 $2x=8$，求得 $x=4$，然后再把 $x=4$ 代入 $3x+4$ 这个代数式中求解。

3. 式与形的转化

这是找规律中常用的一种问题解决策略方式。例如，北师大版五年级上册《图形中的规律》一课（见图2）中："像这样摆 n 个三角形，需要多少根小棒？"根据所发现的规律得到其表达式为 $2n+1$。

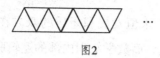

图2

4. 形与形的转化

这是在面积与体积计算方法的推导中常用的一种问题解决策略。例如，平行四边形的面积就是把平行四边形沿着高剪开，然后平移拼成长方形推导出来的，如图3所示。

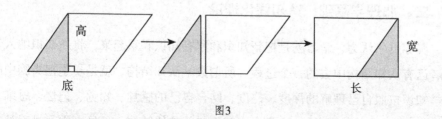

图3

5. 数学与生活的转化

这是在问题解决中常用的一种策略。例如，在北师大版六年级上册《圆的认识》教学时，笔者就思考过该怎样切入引导学生认识圆，才能真正发挥学生的学习自主性，并提高其实践能力。笔者提出这样两个核心问题："车轮为什么都是圆的？公路上的井盖为什么都是圆的？"以此引导学生在生活中不仅要善于观察，还要勤于思索、大胆质疑、培养创新能力，进而把生活问题数学化、数学问题生活化。

转化思想的理论基础

一、哲学基础

客观事物的普遍联系、永恒发展和矛盾的双方在一定条件下的相互转化为转化思想提供了哲学基础，而数学知识内部的逻辑联系，包括数学知识的横向、纵向联系，条件与结论之间的必然联系，以及方法与方法之间的联系等，又为数学转化思想提供了可能。

转化思想着眼于揭示联系实现转化，在转化中达到问题的规范化。因此，转化方法是转化矛盾的方法，属于哲学思维方式的范畴，其"运动——转化——解决矛盾"的思想方法具有深刻的辩证性质。

二、心理学基础：认知同化理论

奥苏贝尔认为，学习就是把新知识和原有知识联系起来，将新知识纳入学习者已有认知结构中去的一个过程。所谓数学认知结构，就是学生把头脑中的数学知识按照自己理解的深度、广度，结合自己的感觉、知觉、记忆、思维、联想等认知特征，组合成一个具有内部规律的整体结构。可见，学习过程是在原有认知结构基础上，扩大原有认知结构的过程。现代学习理论中的认知同化理论认为，数学学习主要是有意义地接受学习，如果原认知结构中的某些适当的观念与新知识具有实质的、非人为的联系，可根据新旧知识的内在联系，使原有的认知结构主动地与新知识发生相互作用，形成新的认知结构，其中作用的方式主要是"同化"或者"顺应"（一般来说，多数的有意义学习是通过"同化"实现的）。学生如果在学习新知识时，能够以转化思想为指导，着眼于新旧知识的联系，将新知识转化为旧知识，不仅有利于新知识的领悟，而且有利于把新知识纳入原有认知结构，以提高学习效率和学习能力。转化思想作为小学数学最基本的思想之一，不仅贯串教材的始终，而且统领众多思想方法，对促进学生形成完整的知识结构和认知结构有着重要作用。运用转化思想对逐章逐节学得的知识进行消化、提炼、整理，即可得到系统的知识结构，将零星散乱的知识编织成一张有序的、主次分明的知识网络，能收到化厚为薄，纲举目张、易懂、易记、易用的效果。

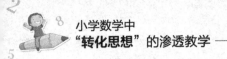
转化思想的教学意义

一、细致梳理数学知识间的联系，使之系统化

小学阶段是学生学习数学的启蒙阶段，在这一阶段让学生真正理解并掌握转化思想尤为重要。小学数学教材的知识体系中也处处蕴含着灵活思辨的转化思想。比如五年级学生在对各平面图形面积公式和立体图形体积公式的推导中，可以通过对图形进行割补、平移、旋转，将其转化为已学过的熟悉的图形。学生运用转化思想有利于将各平面图形面积的学习有机地联系起来，加深对几何知识的整体理解，从而为学习新知识、解决新问题提供广阔的空间。学生可以在寻求不同解答方法的过程中，体会到数学知识和数学转化思想的和谐统一，在灵活解决各种实际问题的同时，不断提高数学思维能力和数学素养。学生掌握转化思想，可以提高数学学习兴趣，系统深入地理解"图形与几何"部分的知识。学生学到的不再是零零散散的知识，而是系统的、有条理的知识。

图1为学生总结的平面图形面积之间的联系的知识框架图。

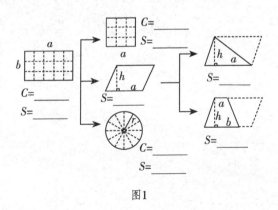

图1

因此，渗透转化思想，可以有效改变教师的教学行为，提高教师自身的素质和业务能力，使教师养成深入钻研教材的习惯，加深对教材中转化思想的分析能力，提升对转化思想的理解和对数学以及对数学教学的认识，不断提高教学质量，促进自身专业素养的提升。

二、深入理解各种数学思想方法，使之完整化

小学数学教材中渗透着许多数学思想方法，转化思想是一种最常用的思想方法。转化思想统领着众多的数学思想方法。转化思想揭示了数与形的相互转化；函数思想揭示了函数、方程、不等式间的相互转化；分类思想揭示了局部与整体的相互转化；各种变换方法、分析综合法、反证法、构造法都是转化的手段。在"图形与几何"中，转化思想无处不在、无处不有。当然也渗透着其他的数学思想，如分类思想、极限思想等。转化思想作为这些思想方法的基础，有利于学生理解和掌握其他数学思想方法，为进一步学习其他数学思想方法打下良好的基础。

三、加强提高学习迁移能力，使之发散化

一般来看，学生对知识的掌握只停留于学习的表面层次上，而一旦掌握了一种数学思想，他们的数学思维及解决问题的能力就可以提升到一个新的层次和水平。有人认为，对于学生"不管他们将来从事什么工作，唯有深深地铭刻于头脑中的数学精神、数学思维方法、研究方法、推理方法和着眼点等，会随时随地发生作用，使他们受益终生"。转化不仅是一种解题方法，更是一种重要的数学思想，是数学学科的"一般原理"，是将知识转化为能力的"桥梁"，它在数学学习中是至关重要的。美国心理学家布鲁纳指出，"理解了基本结构可以使得学科更容易理解""从结构中获得的基本概念原理将有助于以后在类似的情境中广泛地迁移应用"。数学思想方法的教学能够增进学生的抽象思维，促进形象思维、知觉思维的敏捷性，有利于训练学生思维的深刻性，增强学生数学思维的灵活性，激发学生数学思维的独创性。

四、促进学习方法间的转化，使之简约化

转化思想——就是将未知解法或难以解决的问题，通过观察、分析、联想、类比等思维过程，选择恰当的方法进行变换，转化为已知知识范围内已经解决或容易解决的问题的数学思想方法。它是解决数学问题的根本思想，解决问题的过程实际就是转化的过程。数学中的转化比比皆是，如未知向已知的转化、数与形的转化、空间向平面的转化、高维向低维的转化、多元向一元的转化、高次向低次的转化，等等，这些都是转化思想的体现。

通过不断地转化，可以把不熟悉、不规范、复杂的问题转化为熟悉、规范甚至模式化、简单的问题。著名数学家、莫斯科大学教授C.A.雅洁卡娅曾在一次向数学奥林匹克参赛者发表《什么叫解题》的演讲时提出："解题就是把要解的题转化为已经解过的题。"数学的解题过程，就是从未知向已知、从复杂到简单的转化转换过程。也就是说，转化思想方法是在数与数、形与形、数与形、数与式、形与式之间进行转换；它可以在宏观上进行转化，如在分析和解决实际问题的过程中，由普通语言向数学语言转译；它可以在符号系统内部实施转换，即所说的恒等变形。消去法、换元法、转化思想法、求值求范围问题等，都体现了转化思想，我们更是经常在函数、方程、不等式之间进行转化。在数学操作中实施转化时，我们要遵循熟悉化、简单化、直观化、标准化的原则，即把我们遇到的问题，通过转化变成我们比较熟悉的问题来处理；或者将较为烦琐、复杂的问题，变成比较简单的问题，比如从超越式到代数式、从无理式到有理式、从分式到整式等；或者将比较难以解决、比较抽象的问题，转化为比较直观的问题，以便准确把握问题的求解过程，比如转化思想法；或者从非标准型向标准型进行转化。按照这些原则进行数学操作，转化过程省时省力，如顺水推舟。经常渗透转化思想，可以提高解题的水平和能力。

所以，渗透转化思想，可以培养学生的数学素养，提升学生的思维水平，使学生养成用数学眼光看待和分析周围事物的习惯，提高学生应用转化思想解决实际问题的能力，以适应未来社会发展的需要。数学思想渗透在数学知识之中，如果我们只重视讲授表层知识，而不注重渗透数学思想、方法的教学，那么学生所学的数学知识就是孤立、零散的东西，难以真正理解和运用。学生的

知识水平就只能停留在初级阶段；学生所接受的知识是片面的，导致学习负担加重，成绩难以提高。转化的数学思想是数学的精髓。在学生学习数学知识的同时渗透转化思想的教学，可以让学生在掌握表层知识的同时，领悟到知识的内涵，触类旁通，所学的知识就成为一个相互联系的、螺旋上升的知识体系，学生的学习层次将实现质的"飞跃"——学习负担减轻了，思维拓展了，能力增强了，学习成绩也就提高了。

总之，在小学数学教学中，转化思想作为一种数学思想，主要是以渗透的教学形态为主，它是蕴含于数学知识之中、又高于具体知识的一种理性认识。在教学中，要以数学知识为载体，通过对数学问题的分析和解决过程来体现，强调学生自身对转化思想的体验和感悟。也就是通过潜移默化的手段使数学思想悄然扎根于学生的头脑之中，逐步成长为一种意识、观念和素质，并在学生后续的学习、工作、生活中随时随地发挥作用，使学生终身受益。转化思想隐含于不同层次的不同知识点中，学生理解和形成转化思想需要一个长期的过程，需要在这个过程中逐步丰富认识、积累经验、加深感悟。

国内外关于转化思想的研究

一、国外关于转化思想的研究

1628年，笛卡尔出版了《指导心灵的规则》一书，在该书中他开始意识到为了使"数、形同质"必须引进单位数，还明显地反映出利用横坐标和纵坐标之间的依存关系、用代数把握几何的思想。笛卡尔的这一思想对当时的数学产生了很大的影响，填补了代数和几何之间的鸿沟，将代数运算和几何作图放置于完全平行的位置，从而为代数与几何的统一奠定了基础。笛卡儿的这种用代数方法解决几何作图问题的思想并没有止步，接着他又创造了一种用代数方法表示几何曲线的方法。把几何问题转化成代数问题，蕴含着数学中的转化思想。美国著名数学家、数学教学家G.波利亚在《怎样解题》一书中给出了下述解决问题的方法。在面临所要解决的问题时，我们应当考虑如下问题："这是什么类型的问题？它与某个已知的问题有关吗？它像某个已知的问题吗？"具体地说，我们可以从所要追求的具体目标（未知元素、待证命题）出发进行考虑："这里所谓的关键事实是什么？有一个具有同样类型的未知量的问题（特别是过去解过的问题）吗？"另外，从更一般的角度来说，又可考虑："你知道一个相关的问题吗？你能设想出一个相关的问题吗？你知道或你能设想出一个同一类型的问题、一个类似的问题、一个更一般的问题、一个更特殊的问题吗？"

纳皮尔是近代数学史中善于运用转化思想的杰出代表。对数法是纳皮尔等人在16世纪为了简化大数字开方运算而创立的。纳皮尔的贡献就在于他发现了指数运算与真数的对应法则（映射与反演的关系），把后者的运算任务转化为前者的运算任务，从而大大提高了计算效率。对数法的特点是：把复杂的数字乘、除、乘方、开方等运算问题通过对数转化为简单的加、减、倍积问题。这正体现了转化的思想。

尽管上述几部著作都对数学思想方法进行了论述，但是它们的着眼点都是整个数学领域，阐述的是现代数学的共性，很少从中小学数学教学的角度进行梳理和阐释，尤其是用高、中观点来俯瞰整个初等数学的研究还很少涉及。从目前查到的资料来看，德国克莱因（Felix Klein）的《高观点下的初等数学》一书当属于此类。此书分三卷。第一卷是关于算术、代数、分析的论述，第二卷是关于几何的论述，第三卷是关于近似数学与精确数学的论述。在这三卷书中，作者都是从非常简单的、基础的数学知识入手，逐渐延伸到非常高深的现代数学内容。在"算术"部分写了四元数，在几何部分写了高维（以至无穷维）空间，并随时讲历史和应用。另外，他还充分地应用了转化思想，即把数学的两个基本对象——数与形结合起来。讲算术、代数、分析时，总是充分运用丰富的几何图像；而讲几何时，用的是代数工具，又不乏几何语言。转化思想体现了数与形的相互转化，属于转化思想的一个类型，此时，已经在初等数学中有意识地渗透了转化思想。

二、国内关于转化思想的研究

《九章算术》是一部问题集形式的数学专著，是中国传统数学的开山之作，它对后来中国传统数学的发展影响是十分重大的。关于转化思想的起源，《九章算术》是一个值得研究的范例：它采用问题集的形式，书中每道题皆有问、有答、有术。其中"术"就是解题方法，有的一题一术，有的多题一术。第一章名为《方田》，例题38个，立术21条。"方田"是田亩形状的代称，本章主要是讲平面几何图形面积的计算方法。第五章名为《商功》，例题28个，立术24条，"商功"意为关于土方工程问题的思考，本章是讲以立体问题为中心的各种形状体积计算公式。其中很多问题解答都体现了转化的思想方法，如"割圆术""出入相补"原理等。

祖冲之之子祖暅早在1500年前就发明了祖暅原理。所谓祖暅原理，其原文是："幂势既同，则积不容异。"按现在的话来说，即两同高立方体，如在等高处的截面积相等则体积相等。教科书上常常叙述为："夹在两个平行平面间的两个几何体，被平行于这两个平面的任何平面所截，如果它们的截面面积总相等，那么，这两个几何体的体积相等。"祖暅原理并不直接确定几何体的体积，它只揭示满足一定条件的不同几何体体积之间的关系。也就是说，它本质上只是一个转化工具而已。

在我国，对数学教学理论作出过突出贡献的是数学家、数学教学家徐利治教授。他曾经出版过《数学方法论选讲》《关系映射反演方法》等著作，首次提出了著名的论断"关系映射反演方法"，简称RMI方法。数学上的RMI方法就是通过"关系——映射（定映）——反演——得解"这样几个基本步骤处理问题的。运用RMI方法求解问题的具体步骤为：第一步，弄清问题中原象关系结构和原象未知目标的具体内容。第二步，选择适当有效的映射。这是应用RMI原则处理数学问题的关键所在。第三步，弄清映象关系结构和映象未知目标的内容。第四步，通过数学手段求出映象未知目标。第五步，根据被确定了的映象目标通过反演确定原象目标，使问题获解。这一方法是转化思想中的一种重要方法。

特别是G.波利亚的《数学的发现》和《怎样解题》两部著作在我国翻译出版以后，我国的大中小学教育界开始出现数学思想方法的研究特别是数学解题方法的研究。湖南教育出版社2000年8月出版的《初等数学思想方法选讲》（欧阳维诚、张鑫、肖果能著）首先介绍了转化的方法、作用和途径，然后具体介绍了第一类转化思想，即特殊化思想、一般化思想和变换思想，以及第二类转化思想，即映射与转化思想，并着重阐述转化思想的含义、分类及作用。大象出版社2000年10月出版的《转化与化归》（杨世明著）首先以浅显的语言介绍了数学与转化，进而对转化进行了阐述，最后介绍了转化的技艺，即正难则反、代换、转化思想和见微知著。这些著作的出版弥补了我国关于数学领域数学思想方法研究的空白，为后人研究数学转化思想方法提供了良好的研究范式和研究基础。

20世纪90年代以后，不仅关于转化思想的论著不断出现，更有大量的探讨转化思想的论文发表，这一思想已经成为小学数学教学研究的热门话题之一。许多一线教师从教学实践经验出发，探讨转化思想的含义、教学和解题运用，并取得了一定的成效。

关于转化思想的解题一般从整体与部分、一般与特殊、数与形、已知与未知、抽象与直观、简单与复杂的转化分类列举题目说明转化思想的具体运用。

关于如何在小学数学教学中运用转化思想，包永定提出了四点建议：运用类比联想，实现转化；运用转化思想，实现转化；运用替换思想，实现转化；运用假设法，实现转化。

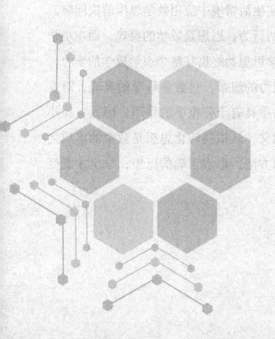

中 篇

转化思想的研究与应用

"数与代数"中渗透转化思想

　　数学是研究数量关系和空间形式的科学。数学量关系通常看作"数"，是"数与代数"的代表，可进一步扩展为抽象的形式化的数学对象，如数、式、方程等。在《课标》中，"数与代数"强调从现实情境中抽象出数，运用数表示日常生活中的事物；强调从现实情境中抽象出运算，关注运算的意义；鼓励学生运算方法的多样化，关注对运算道理的理解和基本运算技能的形成；将数的运算和解决问题的编排有机结合，强调如何运用数及其运算解决实际问题。数与代数包括四个方面：数的认识，数的运算，式与式，方程正反比例。

　　《课标》指出：培养学生用数学的眼光认识生活的环境和社会；学会应用数学知识、方法去分析事物，思考问题。学生数学学习的重要结果也不再是只会解多少规范的数学题，而是能够在现实生活情境中应用数学思维解决问题。可见，问题是数学的心脏，方法是数学的行为，思想是数学的灵魂。而在小学数学教学中，转化思想这最为重要的数学思想始终贯穿整个小学数学的学习，它的重要性主要在于它是联系知识与能力的纽带，是数学科学的灵魂，对发展学生的数学能力、提高学生的思维品质具有十分重要的作用。因此，在小学数学教学中要明确渗透转化思想的意义，认识到转化思想是数学的本质之所在，是数学的精髓。只有掌握正确的方法，形成正确的思想，学生才能受益终身。

一、转化思想在"数与代数"中的应用

（一）转化思想在教学数的意义时的应用

1. 转化思想对认识整数的渗透

教学一类新的数时，我们往往会运用转化的思想，将其转化为可视化的图形。例如，教学整数时，我们用上了小棒，用1根小棒来表示"一"，用10根小棒捆成一捆来表示"十"，等等。再如，教学负数时，我们运用到数轴来帮助学生直观地比较负数与0以及正数的大小关系。这里都运用到了"化抽象为直观"的思想。

例如：笔者在教学自然数"1"时，有如下教学片段：

（师电脑出示一幅情境图：一位老师手里拿着一本书与一位新同学对话，校园里有一面旗、一座教学楼、一个操场，天空中有一只小鸟……）

师：同学们，你们看图上画的是什么？

生1：有老师，有同学，还有操场。

生2：有教学楼和红旗。

生3：有红旗，还有一位同学在问"老师好"。

师：你们真聪明，看到了有一位同学在问老师好，你们知道有几位老师吗？

生1：有一位老师，一位同学，一面红旗。

生2：有一个操场，一座大楼……

师：不管是一位老师、一位同学、一个操场还是一座大楼，它们数量都是1个，我们用数字"1"来表示，板书"1"。

（师用电脑演示：把一些苹果一个一个地快速装到一个篮子里。）

师问：同学们，这是多少苹果？

生1：有许多个苹果。

生2：这里有一篮子苹果。

师：把这许多个苹果放到一个篮子里，我们可以说这里有一篮子苹果。一个篮子里有许多个苹果。

师：你们能用"1"说一句话吗？

生1：我有一支铅笔。

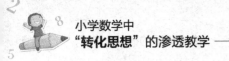

生2：我家养了一只小狗。

生3：我每天早上吃一个鸡蛋。

生4：我妈妈买了一袋苹果……

在这个过程中，让学生体验"许多"和"1"的关系——"许多"由一个一个的"1"组成，放在一起可以用"1"来表示，从而渗透了"1"的数学概念。

又如，教学"0"的认识时，教材叙述为：一个也没有，就用"0"来表示。但笔者认为，如果简单理解为"0"表示一个也没有，等于忽视了数学中对立统一的思想。因此，笔者做了如下的引导和讲解。

（1）通过让学生观察运动员赛跑的起点、直尺上的起始点，领会"0"还表示起点。

（2）让学生观察温度计，领会"0"并不表示没有温度，而是表示温度是"0"度。

（3）让学生观察车牌号、价格等，领会"0"还可以用来占位。

这样，对一些描述性概念教师应尽可能运用具体、形象的感性材料，从全面性、整体性、发展性的高度让学生认识数学概念，借助各种教学手段，不断充实内涵、扩展外延、渗透转化思想，真正揭示概念的本质及属性，从而提高学生的数学文化素养。

再看下面这个有关电脑教室的例题：一张电脑桌放2台电脑，9张电脑桌一共放多少台电脑？在学生写完算式以后，教师有意提问："你们刚才在写算式的时候，怎么一边写算式一边数数？"学生回答："算式太长了，不数就不知道写了几个2了。"教师相机引导："写9个2相加的算式都这样麻烦，那如果电脑教室里面有20张、30张电脑桌，写20个2、30个2相加的算式不是更麻烦吗？看来，我们有必要创造出一种新写法，把9个2相加写得简便一些。"在学生展开充分的再创造活动"发明"了很多符号以后，教师再正式介绍乘号，引入乘法等内容。在上面的再创造活动中，学生经历了这样一个对乘法符号的抽象过程，得到的不再是一个简简单单的符号，而是经历了一个比较深刻的由模糊到清晰的符号化过程。同时，在这样的过程中，学生也领悟了知识的本质，唤醒了内心深处研究者和创造者的角色意识。

特别是在一年级，学生往往以具体形象思维为主，处于一种"若有所悟"

的状态，鉴于这种"朦朦胧胧"的状态，我们可以让学生初步感知"转化"思想。学生对转化思想的感知，实际上从一年级就已经开始了。学生认识了10以内的数以及10以内的加减法，这时，教师可以间接地、隐性地渗透转化思想，可以引导学生用数小木棒的方法进行加减法计算。加法计算可以让学生把大一点的数字放在心里面，小数字是几就把大数字再往后数几。到后面20以内的加减法，大部分学生都能利用上面的方法解决20以内的加减法问题。这就是利用旧知识解决新问题的方法，从而使学生初步感知了"转化"思想。到了二年级，学生很容易联想到用旧知识解决新问题，因为一年级打好了基础，到了二年级就有着比较强的可塑性。

2. 转化思想对认识小数、分数、百分数的渗透

一提起数学，人们产生的往往是抽象枯燥的印象，这与我们的数学教材内容严重脱离生活实际有很大的关系。第三次科技革命以来，信息社会对人才提出了更高的要求，我国顺应时代潮流推进新课程改革力图培养创新型、复合型、全面型人才。广大一线教师承担着培养德、智、体、美全面发展的人才的重任，因此需要有敢于突破教材束缚、超越教材的魄力和勇气。不可否认，数学课堂教学应传授数学知识、数学方法和数学思维，但是如果教师根本不关心学生真正喜欢学习什么，那么学生学到的只是课本上毫无生命力的黑白符号，则毫无数学素养可言。

我们重新审视现行以北师大版为主体的各个版本的小学数学教材，就会发现一个共同点：时至今日，教材中随处可见的教学例题仍然是父辈们当年学过的经典问题，教材内容毫无时代性和创新性可言，这样脱离学生生活实际的教学内容往往使学生不易理解和应用，甚至感到乏味和枯燥，导致丧失学习兴趣。要使学生学得快乐，小学数学教学内容就必须符合学生的生活实际、关注学生的兴趣喜好，教师要善于从教材中挖掘生活化的教学内容，创造性地使用教材。

例如，北师大版四年级下册《小数的意义》一课，是在学生学习了"小数的初步认识"和"分数的初步认识"的基础上教学的。掌握小数的意义是本单元的教学重点，直接关系后续的学习。

学生第一次接触到"小数"这一概念，感觉较为抽象，如何根据教材教学内容的特点和学生的思维特点让学生更好地理解小数知识，是本单元的重

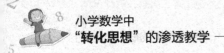

点，也是一个难点。

教学时，可通过价格和长度这两个学生已有的生活经验和知识背景展开教学，让学生分别说说是几元、几角、几分和几米、几分米、几厘米，把数学知识转化成生活数学，使之生活化，在此基础上教学小数产生的意义（见图1）。

图1

在教学小数的意义时，借助方格纸，把小数和分数联系起来，留给学生充分的时间，鼓励学生动手操作，通过画一画、涂一涂等方式，理解小数的意义（见图2）。此时，把生活数学转化成数学知识，使之数学化，提炼出抽象化的过程实现了由直观形象到具体抽象的转化。

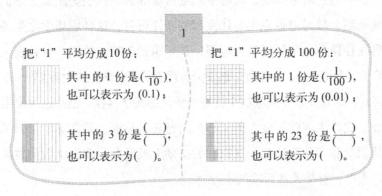

图2

又如，北师大版五年级上册《分数的再认识》一课是在学生学习了《分数的初步认识》的基础上，再认识分数的意义。因此"分数的再认识"不是初步认识整体"1"，而是对整体"1"的再认识，是在学生已经懂得整体"1"是"一个物体""一个计量单位"或"由许多物体组成"的基础上进行教学的。但是学生对整体"1"的重要性认识不够深刻，所以本节的一个重要任务就是让学生在具体的情境中，通过操作活动，感受部分与整体的关系，体验同样拿出整体"1"的几分之几，但是由于整体"1"不同，拿出的具体数量也不同。另外，本节的另一个重要任务让学生根据整体"1"的几分之几所对应的数量，描述出整体"1"的大小，并体会部分的分数相同，整体的个数也相同。

联系学生的生活实际，在教学中，笔者创设了"画 $\frac{3}{4}$""拿铅笔""画一画"等多个教学活动，引导学生在生活中自己发现问题、自己讨论解决问题。如在"拿铅笔"的活动中，笔者引导学生仔细观察，并提出问题，然后再组织学生讨论解决，让学生在民主、和谐的氛围中充分合作开拓思维，提高了学生的合作探究能力，使学生感受分数对应的整体"1"不同，分数所表示的部分的大小或具体数量也不一样。分数部分的个数相同，整体的个数也相同，但形状不一定相同，从而让学生在具体的情境中感受、理解数学问题。

本节课，大多数的学生都能提出问题，积极主动地参加问题讨论，争先恐后地抢答问题。其中有一些问题是值得继续思考的，如分数再认识的内容有两点：一是，让学生在具体的情境中，进一步理解分数的意义。二是，让学生结合具体的情境，体会"整体"与"部分"的关系。

思考一：这里的"进一步""体会"两词就属于模糊词语，对于教师而言，比较难以把握，到底进到哪一步？体会到哪一层？

思考二：我们如何对学生进行评价，如他是否进步了、是否真正体会到了。评价标准是什么，仅仅是那几道题吗？教学过程中，"拿铅笔"环节进行得很顺畅，学生异口同声说出"因为总枝数不同，它们的 $\frac{1}{2}$ 当然不同"。但是不是这样就算是体会了呢？特别在上了第二课时带分数、假分数后笔者发现有大部分学生其实并没有真正体会部分与整体的关系。其实分数的再认识是第二课时学带分数、假分数的铺垫，学生只有充分理解了部分与整体的关系后才会理解如$\frac{9}{4}$这些假分数，否则学生用三年级学的分数的知识来理解这些假分数是想不通的；有了相应铺垫学生也才会理解整体不同（单位"1"不同），写出的分数就可能不同。

思考三：《分数的再认识》，从标题上可以看出教材编委的用心良苦。其学习目的很明显，重点突出"再"字。也就是说，关键是要学生在过去初步认识的基础上进一步认识分数，充分理解分数的意义。因此，本节课的核心问题有三个：一是什么是分数和什么是整体；二是不同的物体为什么都可以用同一个分数表示；三是一个不同分数，为什么所对应的具体数量会一样。后面两个问题事实上是对第一个问题的解释与分析，是一种拓展与延伸。

（二）转化思想在"数的运算"中的应用

小学数学教材知识结构比较松散，没有形成块状的知识结构，能挖掘出的转化思想分散于整个教材之中，小学生很难自主地从教材中挖掘出来。"数的运算"是数与小学代数教学中所占比最大的教学内容，也是后期其他知识学习的基础。因而，教师需要认真分析教材，研深读透，看到教材背后隐含的东西，这样才能在教学过程中有效地渗透转化思想方法。笔者对北师大版小学数学教材进行了认真系统的研读，归纳出数的运算中蕴含的转化思想。

加减运算：20以内数的加减←100以内数的加减←多位数的加减←小数加减←分数加减。其中20以内数的加减是基础。如32+14可以转化成3+1和2+4两道十以内数的计算，32–18可以转化成12–8和2–1进行计算。多位数计算同样。

分数加减计算：如$\frac{1}{5}+\frac{3}{5}$就是1个$\frac{1}{5}$加3个$\frac{1}{5}$，就是（1+3）个$\frac{1}{5}$，最后也可以看作20以内数的计算。

乘除计算：一位数乘法←多位数乘法←小数乘法。一位数乘法口诀是基础，多位数乘法都可以把它归结到一位数乘法。

除数是一位数的除法←多位数除法←小数除法。除法中除数是一位数的计算方法是基础，多位数除法都可以把它归结到一位数除法。

加法与减法之间可以转化，乘法与除法之间可以转化。几个相同加数连加的和，可以转化成乘法来计算。被减数连续减去几个相同的减数，差为零，可以转化成除法来表示。分数的除法，可以将除数颠倒位置变成乘法进行计算。

1. 低年级加减法和表内乘除法教学

在低年级，教材只在解决问题的过程中，让学生初步感悟通过转化能够解决新问题，就可视为目标达成，并未进行拓展。例如，在计算教学的起步阶段，学习"20以内的加法"时，例题为9+3=？教材中只用直观具体的方式将"凑十法"这一转化思想方法的过程呈现出来，只要能达到解决问题的目的就行了，并不需要十分深究其中的原因。我校有一位年轻教师，她是这样处理的，把抽象的数字转化成图形和实物（圆片）来展开教学。具体如下：

先出示格子图（空白），然后让学生同桌合作在格子里面摆9个圆片，外面放3个圆片。学生通过观察，动手"拿"，从外面拿1个放进格子里，这样格子里就"凑"成10个圆片，外面还有2个，"合"起来就是12个圆片（见图3）。在"拿"的基础上提升，把3分成1和2；1和9凑成10，10加2是12。最后让学生用语言来描述"拿、凑、合"的过程。此时，学生能很好地理解"凑十"的含义，从而掌握"凑十法"。学了9+3，举一反三，9、8、7、

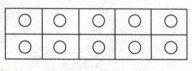

图3

6、5、4、3、2加几就都会了。20以内退位减法，"破十法""连减法"也是如此。如12减9，用"破十法"，学生从盒子里拿出9个，还剩1个，和外面2个合起来是3个。"破十法"用实物直观演示突出"拿、合"的过程。实物直观演示，尤其是学生借助格子图经历操作演示，把复杂的"凑十""破十""连减"变得直观、简单。

2. 转化思想在整数、小数、分数等运算中的运用

到了中年级，教材中没有关于转化思想的学习章节，这时需要教师在引导学生通过转化解决问题的过程中，一方面要让学生感受转化的过程及其带来的益处；另一方面还要适时对转化思想加以概括，使其在学生心中留下深刻的印象。如在三年级下册《（一位）小数的加减》一课的教学过程中，教师要通过列竖式总结，小数加减就是要用"小数点对齐，从低位算起"，从而渗透转化思想，并明确告诉学生，是转化让我们这么轻松地解决了小数相加减的问题。还有在北师大版四年级上册《买文具》一节教学过程中，学生很容易根据题意

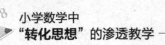
列出算式80÷20。在此基础上，要帮助学生明白用"20×4=80"或"8÷2=4"都可以推算出80÷20=4，而不管用哪种方法，都是根据"二四得八"这句口诀想到的。还有就是在钱币中认识与理解小数计算方法，虽然教师没有向学生提出转化这个思想，但是学生实际上已经经历了这个过程（见图4）。

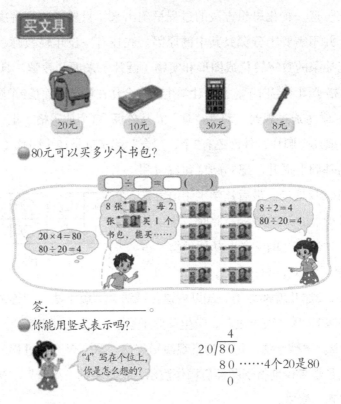

图4

在学习小数乘、除法，分数乘、除法时，在此之前学生已经掌握了整数乘、除法的知识，学习这部分知识的一个主要思想就是将小数乘、除法，分数乘、除法这个新的知识转化成已经学过的整数乘除法的旧知识，这个就是渗透转化思想的极好例子。

例如，在教学《小数乘整数》一课时，教材是这样编排的：每块橡皮0.2元，买4块需要多少钱？

方法1：0.2+0.2+0.2+0.2=0.8（元）

方法2： 0.2元=2角　　2角×4=8角=0.8元

方法3：把0.2×4，转化成直观图形来解决，如图5、图6所示。

三　小数乘法

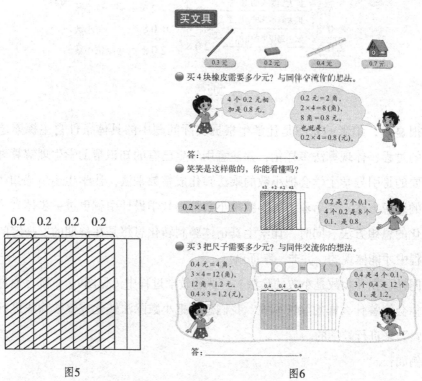

　　0.2是2个0.1，4个0.2是8个0.1，是0.8。而到了"街心广场"学习确定小数位数时，教材是这样编排的（见图7）。

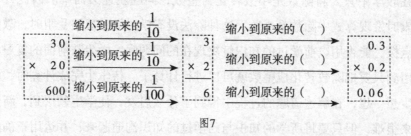

图7

　　然后，到了学习《小数乘小数》一课时，教材是这样安排的（见图8）。

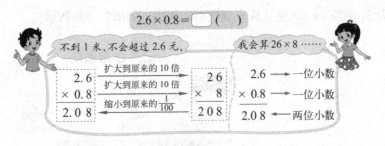

图8

很显然，编者的意图是让学生根据实际问题中的具体条件自主探索笔算算法的过程，体现算法多样化，并注意用学生已有的知识帮助学生理解算理。更重要的是引导学生学会把小数的乘法转化成整数乘法，让学生逐步感知"转化"的思想方法。在后面的《小数乘小数》的教学设计中就更进一步体现了这一转化的思想方法。同时，让学生真正体验到转化思想是在长期的、一定的渗透过程中才能体现的，并非一蹴而就。

同样，在《除数是小数的除法》一课的教学过程中（见图9），都是通过提问"你会解答什么样的除法算式？我们怎样把小数除法转化成整数除法进行计算呢？"来进行教学的。

例如：

$$2.4 \div 0.8 =$$

$$0.8 \overline{)2.4} \longrightarrow 8 \overline{)24}$$

图9

在教学中只要将除数是小数转化为整数，问题就迎刃而解。因此，学生在探索时发现算式中除数是小数，这种除法没有学过导致思路受阻时，教师可适时点拨，能否用以前学过的知识解决现在的问题呢？学生从前面的复习中很快感悟到只要把除数转化成整数就可以进行计算了。待学生完成计算时，教师让学生想一想，在解这道道题的过程中得到了什么启发，使学生领悟到，新知识看起来很难，但只要将所学的知识与已学过的知识沟通起来，并运用正确的数学思想方法，就能顺利地解决问题。这种解决问题的方法就是"转化"的方法（板书：转化）。"转化就是未知向已知转化。这种思想方法在以后学习中会经常用到。"短短数语，既概括了新知学习的着眼点——新知与旧知沟通，又言明了什么是转化思想，为学生的学习打好了策略与方法的基础。

还有北师大版五年级下册"异分母分数加减法"的教学。这节课是在学生学习了同分母分数加减法的基础上进行的。学生在计算时，首先要将异分母分数转化成同分母分数，然后才能进行加减运算。这里的转化体现的就是"化异为同"的思想。

例如，在教学《异分母分数加减法》一课时，笔者是这样设计的。

（1）在情境中产生关于异分母分数加减法的问题，引入异分母分数加减法的学习。

（2）让学生独立思考，尝试计算异分母分数加法。

（3）小组交流异分母分数加法的方法，整理并汇报。

方法1：将两个异分母分数都变成小数，再相加。

方法2：将两个异分母分数都通分变成同分母分数后，再相加。

（4）归纳整理，渗透转化思想。

思考以上两种方法，你有什么发现？（两种方法均是将异分母分数转化成已学过的知识，即将异分母分数转化成与其相等的小数或同分母分数之后，再相加。）

（5）回顾反思，强化思想。

回顾本节课的学习，谈谈你的收获和体会。（在转化完成之后及时反思，是对转化思想的进一步巩固与提升——进入思想的内核，再次深刻理解。）

同理，在分数乘、除法中也渗透了转化思想。

例如，人跑一步的距离相当于袋鼠跳一下距离的 $\frac{2}{11}$，那么人跑3步的距离相当于袋鼠跳一下距离的几分之几？

（1）让学生通过画线段图理解题意，渗透数与形的转化（见图10）。

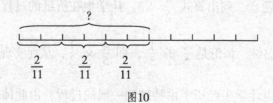

图10

（2）使学生明确，求人跑3步的距离是袋鼠跳一下的几分之几，实际上是求3个 $\frac{2}{11}$ ，为探究计算方法做好准备。

（3）探究计算方法。

（先出示加法计算） $\frac{2}{11} + \frac{2}{11} + \frac{2}{11} = \frac{6}{11}$ ，是同分母分数相加，属已学过的内容。

（再出示乘法计算） $\frac{2}{11} \times 3 = \frac{2}{11} + \frac{2}{11} + \frac{2}{11} = \frac{2+2+2}{11} = \frac{2 \times 3}{11} = \frac{6}{11}$ 。

根据分数的意义，将分数转化为加法算式计算——分母不变，分子相加。再根据乘法的意义，将同分子连加的形式转化为乘式，得出分数乘整数的计算方法——分母不变，分子与整数相乘的积做分子。

（4）讨论归纳分数除以整数的计算方法。

同样，将分数除法转化成分数乘法来揭示计算的方法。

例如，把一张纸的 $\frac{4}{5}$ ，平均分成2份，每份是这张纸的几分之几？如果平均分成3份，每份是这张纸的几分之几？

通过折纸帮助学生理解算理。分两个层次教学，先解决分子能被整数整除的特殊情况：

（1）把一张纸的 $\frac{4}{5}$ 平均分成2份，看每份是这张纸的几分之几？

让学生在折纸中，发现4个 $\frac{1}{5}$ ，平均分成2份，每份是2个 $\frac{1}{5}$ ，即这张纸的 $\frac{2}{5}$ 。

（2）再引出分子不能被整数整除的一般情况：把这张纸的 $\frac{4}{5}$ 平均分成3份，看每份是这张纸的几分之几？

让学生根据题意，列出算式 $\frac{4}{5} \div 3$ 。让学生在折纸的过程中发现，把这张纸的 $\frac{4}{5}$ 平均分成3份，每份是 $\frac{4}{5}$ 的 $\frac{1}{3}$ ，即 $\frac{4}{5} \times \frac{1}{3}$ ，从而实现了将分数除法转化成分数乘法，也让学生经历了由特殊到一般的过程，由此体会到用整数去除分数的分子的方法不是总能计算出得数，通常可以转化成乘这个整数的倒数，进一步渗透转化的数学思想。在此基础上，让学生概括出分数除以整数的计算方法。

于是，在教学《一个数除以分数》时，也可通过转化将除以一个分数转化为乘以这个分数的倒数。

总之，在小学数学教材中，像这样须教师巧妙地创设问题情境让学生自主产生转化的需要来学习新知识的例子有很多，需要教师深入分析教材，理解教材，进而挖掘出其中蕴含的转化思想。高年级的学生，经过中低年级对转化思想的长期性渗透，在遇到多位数乘除法、异分母分数加减法等新问题时已经能自觉地在头脑中搜索与该问题有关的旧知识来帮助他们解决新问题，这时教材中也会出现引导学生对转化思想进行自我总结概括的话语。如在教学小数加减法时，教材中提出："小数加减法与整数加减法在计算时有什么相同点？计算小数加减法要注意些什么？"学生通过对教材中这一问题的思考与回答，加深了对转化思想的体会与理解，有助于在实践中对其灵活运用。因为转化思想是未知领域向已知领域转化，因此，渗透时必须要求学生具有一定的基础知识和解决相似问题的经验。一般来说，基础知识越多，经验越丰富，学生学习知识时越容易沟通新旧知识的联系，完成未知向已知的转化。

3. 转化思想在解方程、解比例题中的应用

所谓解方程，其实就是将一个稍微复杂的方程，转化成简单的方程，最终转化成 $x=B$ 的过程。在进行解方程的教学时，学生在会解"$2x+12=30$"这一类的方程后，要学习像"$2x+3 \times 4=30$"之类的新方程时，就可以把这个看似新知识的问题让学生自己去解决，学生也很容易找到正确的解答方法。这其中最关键的一步也是运用了转化的思想。这里的转化则体现为"化繁为简"的思想。

$2x+3 \times 4=30$ $\Longrightarrow$ $2x+12=30$ $\Longrightarrow$ $2x=18$ $\Longrightarrow$ $x=9$

再者，有很多数学知识都是相互联系的，在本质上是一致的，在一定的条件下可以合二为一，运用转化就可达到此目的。例如，解比例问题通过比例的基本性质就可以实现解比例和解方程的合二为一。如教学 $x : 320=2 : 10$，就可以利用比例的基本性质将其转化为方程 $10x=320 \times 2$，解比例的问题就变成解方程的问题了。又如，"求一个数的几倍是多少"的问题，本质上就是"求几个几是多少",所以在教学"求一个数的几倍是多少"时,在学生透彻理解"倍"的概念后,就可引导学生将"求一个数的几倍的问题"转化成"求几个几是多少"的问题,用表内乘法来解决。又如"求一个数是另一个数的几倍"的问题可以通过转化为"求一个数里有几个几"的问题来解决,把分数除法通过"倒数"转化成为分数乘法,实现分数乘、除法的合二为一等。

小学数学知识很多都是以旧知识为基础,在旧知识的基础上不断发展、变化、提升,从而形成新知识,尤其在运算法则的形成上体现得更是淋漓尽致。从整数加减的运算法则到小数加减的运算法则,从同分母分数加减的运算法则到异分母分数加减的运算法则,从整数乘除法的运算法则到小数乘除法的运算法则,再到分数乘除法的运算法则,它们之间几乎都是由转化将它们联系在一起,其间都渗透了转化思想。转化思想这种无形的数学思想方法,将显性的数学知识联系在一起,从而实现了知识的生成、发展、提升,也促进了学生的发展。

二、在"数与代数"教学中运用转化思想的策略

人们常说"授人以鱼,不如授人以渔",作为教师,更应时时具有这样的思想,在教学过程中要教给学生学习的方法,而不只是教会学生某一道题。其实转化的思想在小学数学中非常广泛,转化是解决数学问题的一种重要思想方法。任何一个新知识,总是原有知识发展和转化的结果。在教学中教师应逐步教给学生一些转化的思考方法,使他们能用转化的观点去学习新知识、分析新问题。转化思想是把一种数学问题转化成另一种数学问题进行思考的思想方法。把一种数学问题合理地转化成另一种数学问题并得到有效的解决,就是转化能力。多年的教学实践表明,"转化"并非数学学习中教师讲授新知的专利。经过有效的引导培养,完全可以成为学生独立思考问题、解决问题的能力。下面,笔者就浅显地谈一谈在小学数学学习中,学生转化能力的培养。

1. 化新为旧

化新为旧就是把新的数学知识转化成旧的数学知识来解决与学习。这样,在新知识的学习过程中,作为教学主体的教师不能为了教知识而教知识,应该在教学过程中充分尊重学生的学习过程,引导学生利用已有的知识经验,积

极、主动、自觉地运用转化的数学思想方法去认识新知识，巧妙地将数学知识的学习上升为数学思想方法的学习，并将它从隐性的数学知识中提取出来，使学生的思想受到熏陶和感染，能力得到提升，方法得以创新。

例如，一路汽车每15分钟发一班车，三路汽车每20分钟发一班车，五路汽车每30分钟发一班车。如果三种车同时发车，第二次同时发车是在几分钟后？学生看到题目后，可能很难与所学数学知识结合起来，教师就要引导学生联想旧知识与此题的联系，让学生用求最小公倍数的方法解题。这样，使旧知识、旧技能、旧的思考方法，逐步过渡到新知识、新技能、新的思考方法，从而扩展学生原有的认知结构。

正如认知心理学所说："学生学习的过程，是一个把教材知识结构转化为自己认知结构的过程"。那么，实际教学中我们便可以让学生把感到生疏的问题转化成比较熟悉的问题，并利用已有的知识加以解决，从而快速高效地学习新知。又如，甲乙两数的和是3600，甲是乙的 $\frac{4}{5}$，甲、乙分别是多少？或者甲比乙多10，甲和乙的比是3：2，甲、乙分别是多少？第一题，把条件甲是乙的 $\frac{4}{5}$ 转化为甲是乙的 $\frac{4}{5}$ 倍；第二题把甲和乙的比是3：2转化为甲是乙的 $\frac{3}{2}$ 倍。这就是典型的和倍、差倍应用题了。

在学习新知识之前学生往往会利用已有的知识去认识，从而形成新的经验，变成自己的知识，而这一过程其实就是一个"转化"的过程。小学刚开始，虽然学生们年纪尚小，但利用旧知识来解决新问题，在现实生活中肯定经历过，所以从一年级开始就可以进行转化思想的渗透学习了。例如，"10以内的加减法""20以内的进位加法"，对于一年级孩子来说，通过对"1~20"各数的认识，特别是学习了1~10的组成之后，学生对"拆小数，凑大数"和"拆大数，凑小数"等方法有所熟悉，而"凑十法"则是其中最重要的方法。"凑十法"通过将大数拆成小数（或者小数拆成大数），和其他另一小数凑成十，将20以内进位加法转化成一道简单的十加几计算题，从而使计算变得比较简便。如计算9+5=？先根据9和1能凑成十，再将小数5拆成1和4，最后算出10+4=14，从而得出9+5=14。这一口算过程，将"20以内进位加法"计算题转

化成"10加几"的计算题，从而更加轻松地解决问题。通过凑十法将未知的
"20以内进位加法"转化为"10加几"计算题，学生们初步感知转化思想在
小学数学中的运用。

2. 化繁为简

就是把一些较为复杂、困难的问题转化成简单、便于理解与操作的、可视
的数学问题进行解决。例如，有这样的一道题"小军收集了一些画片，他拿出
画片的一半还多一张送给小明，自己还剩25张，小军原来有多少张画片？"教
师可以绘制图形，降低理解难度，帮助学生形成对问题的正确认识。借助直观图
形，把较复杂的问题转化为比较简单的问题，可以分散难点，逐个解决问题。

例如，1800米长的公路，工程队6天修了 $\frac{3}{5}$，还要几天才可以修完？这道题
如果按一般应用题常规的解法列式为 $1800 \times (1 - \frac{3}{5}) \div (1800 \times \frac{3}{5} \div 6)$ 会很烦
琐，而换一个角度思考，把它转化为工程问题则非常容易得出 $6 \div 3 \times (5-3)$ 的
算式。

在计算时尤其明显。如在记忆关于"π"的倍数，计算36π时，笔者常引
导学生只要把它转化为30π+6π，用94.2+18.84即可。在平时的计算教学中，
可鼓励学生进行从复杂到简单的转化，不仅可以加快计算速度还能提高计
算准确率。

又如在学习"比的认识"一课之后，可以将"比""除法""分数"进
行比较，从形式、意义到基本性质，沟通它们之间的联系，相互转化，深化认
识，以便灵活运用，形成知识体系。笔者出示了如下练习。

"比的应用"的习题：一套桌椅120元，椅子的价格是桌子的 $\frac{5}{7}$，桌子和
椅子各多少元？

方法一，用方程解答。先找出题中的数量关系式，即桌子的价格+椅子的价
格=120（元），再列方程解答。设桌子的价格为x（元），则椅子的价格为 $\frac{5}{7}x$（元），
可列出方程 $x + \frac{5}{7}x = 120$，解方程得桌子的价格为70（元），椅子的价格为 $70 \times \frac{5}{7} =$
50（元）。

方法二，用分数知识来解答。先根据关键语句找出单位"1"是桌子的价格，再画图找出120元对应的分率，即120元占桌子价格的几分之几。桌子价格为$120 ÷ (1+\dfrac{5}{7}) = 70$（元），椅子价格为$70 × \dfrac{5}{7} = 50$（元）。

方法三，用比的知识解答。读完问题后，由分数"椅子的价格是桌子的$\dfrac{5}{7}$"联想到"桌子价格与椅子价格的比是7：5"。已知总数量和部分数量的比，求部分数量。总价格共分为7+5=12，桌子价格为$120 × \dfrac{7}{12} = 70$元，椅子价格为$120 × \dfrac{5}{12} = 50$元。

还有，"把$\dfrac{4}{5}$ m的铁丝平均分成2段，每段长多少米？"可引导学生在理解题意后，列出算式$\dfrac{4}{5} ÷ 2$。这是一道分数除以整数的算式，怎么计算呢？笔者并没有把分数除以整数的方法告诉学生，而是让学生分组进行讨论。学生小组讨论后，选派代表上台介绍各组解决问题的方法。第一种方法，先把"$\dfrac{4}{5}$"化成小数，$\dfrac{4}{5} ÷ 2 = 0.8 ÷ 2 = 0.4$（m）。第二种方法，按照分数和分数单位的意义解决问题，把$\dfrac{4}{5}$ m平均分成2段，就是把4个$\dfrac{1}{5}$ m平均分成2份，每份是2个$\dfrac{1}{5}$ m，所以$\dfrac{4}{5} ÷ 2 = \dfrac{4÷2}{5} = \dfrac{2}{5}$（m）。第三种方法，按照分数乘法的意义来解决，把$\dfrac{4}{5}$ m平均分成2段，求每段长多少米，就是求$\dfrac{4}{5}$ m的$\dfrac{1}{2}$是多少，用乘法来计算，也就是$\dfrac{4}{5} ÷ 2 = \dfrac{4}{5} × \dfrac{1}{2} = \dfrac{2}{5}$（m）。

学生通过这样的练习，可以进一步理解比、分数和除法之间的联系，具体解决问题的过程中，能由分数联想到比，也能由比联想到分数。如此一来，拓宽了学生思维，提高了学生解决问题的能力。

3. 化虚为实

就是把抽象的问题转化为比较具体的问题，根据具体问题的数量关系来寻找解决的方案。如在教学《同分子异分母分数大小的比较》时，笔者给学生讲了猪八戒吃西瓜的故事，每碰到这样的题，同学都可以转化为具体情境加以分析。

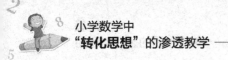
例如，判断两个数之间是否成正反比例（$2a=b$）。因数$\frac{1}{2}=\frac{a}{b}$，因为b和a比值一定，所以成正比例。还有，男、女生的人数比为$5:4$，则男生人数比女生多（　　）%，女生人数比男生少（　　）%，可以把抽象的比例关系转化为具体的人数来解答。

在问题解决的教学中，要求学生先读懂题目，根据题中的问题联想数量关系。如求每天生产多少个？就是求工作效率，再根据具体的工作效率的数量关系去找相应的工作量和工作时间。这就把一个抽象的问题转化成了两个具体的问题，学生可到已知条件中去找解决这两个具体问题的方法，从而达到解决这个抽象问题的目的。

又如，一张长方形纸，小红用它的$\frac{1}{4}$做了一朵花，小明又用了它的$\frac{2}{4}$做了一个花瓶，这时还剩下多少纸？这时教师要给学生介绍"一个西瓜""一张纸""一包糖"等，就是一个整体"1"，我们要把"1"转化为分母相同的具体的分数，再利用"相同分母的分数相加减"的方法来进行计算。

还有"乘法分配律"的计算，如$148\times5.3+4.7\times148$。如果仅让学生机械地应用乘法分配律公式进行计算，学生不容易真正理解。将1.48这一数字转化成物——"我"，即看到了相同的数1.48，想起了"我"，以"我"代替数1.48，以"爸爸""妈妈"分别代替两个不同的数5.3和4.7，相同的数1.48是转化的对象，"×"等于"爱"，"我"是实施转化的途径，于是$1.48\times3.6+6.4\times1.48$就转化成"爸爸爱我，妈妈也爱我"，使用语文的并句方法，转化成为"爸爸和妈妈都爱我"，这是转化的目标。

$$1.48\times3.6+6.4\times1.48$$
$$=1.48\times（3.6+6.4）$$
$$=1.48\times10$$
$$=14.8$$

这样，转化思想的运用就真正发挥得淋漓尽致了，问题也得到了解决。

4. 化难为易

著名的数学家波利亚说过："当原问题看来不可解时，你不要忘记人类的高明之处就在于迂回绕过不能直接克服的障碍，就在于能想出某适当的辅助问题。"较复杂运算往往都是由几个简单的运算叠加而成的，利用转化方法就可以实现复杂运算的分解。转化就是要化生为熟、化繁为简、化未知为已知、化抽象为具体来解决问题。学生掌握转化思想，有利于提高思维的敏捷性和灵活性，为今后的学习生活打下坚实的基础。如四则混合运算教学既培养学生的计算能力，又训练学生的思维，使学生掌握计算的技能技巧，使学生的计算能力有质的飞跃。在四则运算中会遇到以下形式的转化。

（1）改变算式的组合。如计算125×48，初看算式觉得数目挺大，好像只有列竖式才能解决问题，但是仔细一想你会找到解题窍门，从而避免纷繁复杂的笔算。把算式转化成$125 \times 8 \times 6$，直接口算即可。这种转化体现学生对计算策略的探索性，有利于培养学生的探索精神和创造性思维。

（2）改变算式的形式。如计算$5 \div 9 \times 81$时，可以引导学生改变运算的形式，把除法变成分数，将原来的算式转化为$\frac{5}{9} \times 81$，这样学生很快会发现9和81可以约分，从而使计算更加简便，收到事半功倍的效果。

（3）改变运算的顺序。定式效应对学生的影响是深远的，有时会阻碍学生前进的脚步。如计算$389-41.3-58.7$，有的学生可能按从左往右的顺序计算，要提示学生计算要达到最优化，寻求最简便的算法，可做如下的转化$389-（41.3+58.7）$，把两个减数凑成整百数，很快就能得出结果，从而培养学生的观察能力和灵活的解题能力。

（4）改变问题的解法。分解和组合是实现转化的重要途径，学生通过在小学阶段的学习，已对转化思想形成一定的基础，但这并不能停留于"学生的记忆里"，只有进一步地运用，才能内化为学生自己的东西，形成数学方法。

例如，学校买了3只篮球和5只足球共付164.9元，已知买1只篮球和2只足球共需60.2元，问买1只篮球和1只足球各需多少元？

解法一：1只篮球和2只足球共需60.2元为转化的对象，把1只篮球和2只足球作为1份数是实施转化的途径。3份数：3只篮球和6只足球的价格为（60.2×3）元是转化的目标，与3只篮球和5只足球的价格为164.9元进行比较，相差数为1只足球，得1只足球的价格为（$60.2 \times 3-164.9$）$=15.7$（元）。

解法二：设1只足球价格为x元，则1只篮球价格为（$60.2-2x$）（元）。

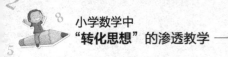

根据题意列方程得 3（60.2-2x）+5x=164.9。

这类问题中，求两个未知数x，y的其中一个未知数为转化的对象，一元一次方程是转化的目标，把一个未知数用另一个未知数的数量关系来表示是实施转化的途径。

本题中未知数1只篮球价格为转化的对象，一元一次方程3（60.2-2x）+5x=164.9是转化的目标，1只篮球的价格用60.2元减去2只足球的价格来表示是实施转化的途径。

以上例子说明有些算式虽然一眼看去不是很简单，但是只要通过转化我们就会发现其中的端倪，体验到成功的喜悦。"山重水复疑无路，柳暗花明又一村"，学生从中体会到转化的重要作用。

5. 化数为形

教师应引导学生努力探索，通过"数"与"形"的相互转化，探索出一条合理的解题途径，解决学生心中存在的困惑，培养学生的数学能力。如在解决问题的策略之倒推法中，有这样的一道题"嘉航喜欢集邮，他收集了一些邮票，他拿出邮票的一半还多一枚送给嘉明，自己还剩14枚，嘉航原来收集了多少邮票？"可以绘制如下图形，从而降低理解难度，帮助学生形成对问题的正确认识，从而作出正确解答（见图11）。

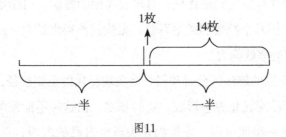

图11

例如，妈妈的年龄是小强的4倍，妈妈比小强大24岁，妈妈和小强各多少岁？

这种题对于三年级学生来说，往往较难解决，但如果教师能够充分重视引导学生在读懂题目的基础上，画出线段图，则大部分学生都能够很顺利地解决（见图12）。

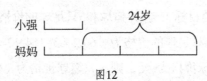

图12

从线段图中，我们可以形象地看出，小强的年龄用1份线段表示，妈妈的年龄就可以用这样的4份表示，妈妈比小强大的24岁则是这样的3份，由此可以引导学生求出1份线段表示的年龄是：24÷3=8（岁），即小强的年龄是8岁，妈妈的年龄是8×4=32（岁）。

二年级"加减乘除整理"教学时，有一例子。教师问学生：加数相同时可用乘法计算，不同的加数相加时可以用乘法计算吗？比如2＋4＋6=?

教师适时出示下图（见图13），学生经过思考讨论，认为可以将图中的小方块进行"移多补少"，将最下面的6个方块中移2个给上面，这样每排都是4个小方块，即右图，可以看出是"3个4"，能用4×3=12这样的乘法算式进行计算。

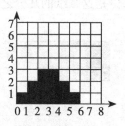 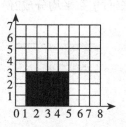

图13

在这里，图形起到了关键性的作用，将抽象的"数"转化成直观的"形"，学生通过对"形"的充分观察思考，能很轻松地理解不同加数相加（有特定要求）转化为乘法的算理。在这里，学生不仅感悟了转化思想的魅力，还感悟了移多补少的方法。

像这样的例子还有很多，例如，计算 $\frac{1}{2}+\frac{1}{4}+\frac{1}{8}+\frac{1}{16}$，如果按照异分母分数加法来计算，那计算起来有一定的难度和复杂性，特别是对一些计算能力差的学生来说。如果运用转化思想，把这道题的计算转化成图形来解决，将比较容易理解。这道题用图形表示出来如图14所示。

用一个正方形表示一个整体"1"，然后用颜色分别表示 $\frac{1}{2}$、$\frac{1}{4}$、$\frac{1}{8}$、$\frac{1}{16}$。这样，求 $\frac{1}{2}+\frac{1}{4}+\frac{1}{8}+\frac{1}{16}$ 的和就转

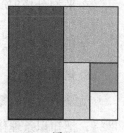

图14

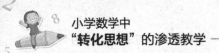
化为求图中阴影部分的面积，而图中阴影部分的面积=一个整体"1"减去空白部分的面积，所以 $\frac{1}{2}+\frac{1}{4}+\frac{1}{8}+\frac{1}{16}=1-\frac{1}{16}=\frac{15}{16}$。

继续拓展，计算 $\frac{1}{2}+\frac{1}{4}+\frac{1}{8}+\frac{1}{16}+\frac{1}{32}+\frac{1}{64}+\frac{1}{128}+\frac{1}{256}$，就直接用 $1-\frac{1}{256}=\frac{255}{256}$。

再如，在教学北师大版五年级下册《分数除法（一）》一课，笔者把文字信息转化为直观的图形来帮助学生理解"分数除以整数"的除法意义和计算方法。

（1）把一张纸的 $\frac{4}{7}$ 平均分成2份，每份是这张纸的几分之几（见图15）？

图15

学生很容易就明白了 $\frac{4}{7}\div2=\frac{4\div2}{7}=\frac{2}{7}$。

（2）把一张纸的 $\frac{4}{7}$ 平均分成3份，每份是这张纸的几分之几（见图16）？

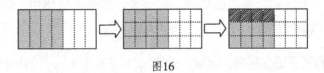

图16

在平均分成2份的基础上，学生明白了每份是 $\frac{4}{7}$ 的 $\frac{1}{3}$，也就是这张纸的 $\frac{4}{21}$。于是，就有了 $\frac{4}{7}\div3=\frac{4}{7}\times\frac{1}{3}=\frac{4}{21}$。

6.化零为整合

就是把所学的零散的、支离破碎的数学知识，进行整理与整合，形成知识网络，把知识条理化。在教材中，除了上述情况，转化思想还体现在知识间的相互转化。小学数学的教学目标之一是帮助学生抓住知识的内在联系，形成知识网络。特级教师马芯兰也认为："数学知识本身的内在的联系是紧密的，是一个结构严密的整体，要抓住最基本的概念作为知识的核心，把小学中的主要数学知识联系起来，形成知识网络。"而知识间的联系就体现在认识上的知识与知识间的转化。

例如，马芯兰老师认为，"和"这个概念是知识核心的核心。

① 可通过"和"来理解"加减关系"，即加法与减法的转化（见图17）。

图17

② 认识"相同加数""乘法的意义"，加法与乘法的转化（见图18）。

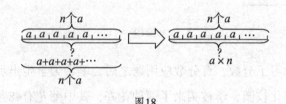

图18

③ 通过"和"可以引出两个数量相比较而出现的"同样多""差"的概念；如果"差"和较小数同样多，则引出"倍"这一核心概念。较大数里面有若干和较小数同样多的数，较小数为一倍数，较大数为几倍数，从而理解"倍数关系"；反之，以较大数为一倍数，较小数是较大数若干份中的几份，较小数就是较大数的几分之几，从而理解"分数的意义"。

转化思想是一根无形的线，把这些知识一串串穿起来。在教材中，这样的通过"转化"来整合知识的内容还有很多。例如"份"这个概念，是乘除法的知识、倍的知识、分数的知识、比和比例的知识以及解答一些较复杂的分数应用题的基础。从二年级乘法意义的认识开始建立"份"的概念，一直学到小学数学知识的高段，整个过程中，"份"起到决定作用。还有，在教学完"比"的知识后，就可以把"比""除法""分数"进行比较，从形式、意义到基本

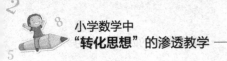

性质，沟通它们之间的联系，相互转化，让学生深化认识，以便灵活运用，形成知识体系。小学数学中很多知识是可以找到它们之间的内在联系相互转化、形成知识整体的。这种联系多数情况下还是多维的、立体的（见图19）。

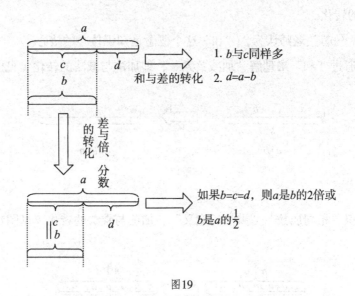

图19

　　例如，在学习了分数、百分数应用题之后，笔者为学生出示了这样一道练习题：迎国庆美化校园，学校买来了两种花卉，其中菊花有48盆，一串红的盆数占总盆数的40%。问共运来花卉多少盆？

　　学生列式，教师讲评。接着进行了如下教学：

　　师：这道题还可以提什么问题？

　　生：运来一串红多少盆？

　　师：怎样列式？

　　生：48÷（1-40%）×40%或48÷（1-40%）-48。

　　师：有没有更简便的方法？（稍停）同学们想不想学？

　　生：想！（声音洪亮）

　　师：你能找出题目中含有百分数的句子吗？用分数怎么说？用比怎样表示？

　　生：一串红的盆数占总盆数的40%。

　　一串红的盆数占总盆数的2/5。

　　一串红的盆数与总盆数的比是2：5。

师：上面三句话虽然说法不同，但所表示的数量关系一样。如果把花卉的总盆数看作5份，那么串红的盆数是几份？（2份）菊花的盆数是几份？（3份）串红盆数是菊花盆数的几分之几？

师：串红的盆数是所求数量，菊花的盆数是已知数量，也就是要求所求数量是已知数量的几分之几？

生：所求数量是已知数量的 $\frac{2}{3}$。

师：现在会求吗？

生：$48 \times 2 / (5-2) = 32$（盆）。

答：运来串红32盆。

师：这是几步计算的应用题？（两步）哪种方法简便？（第二种）

师：这样做，简化了解题思路。同学们想不想找规律？（想）刚才这道题我们运用了"转化"的思想方法，"把已知数量看作单位'1'，先求所求数量是已知数量的几分之几，再根据一个数乘分数的意义用乘法计算"。（师边说边演示这一简化思路思维过程，并让学生再议一议上述运用"转化"思想方法的解题关键）。

上述练习环节中，笔者在新旧方法的联结点上巧妙设问，激发了学生探索新方法的兴趣和情感，在探索新方法的过程中渗透了转化的思想方法，并在教师小结和学生议一议的过程中巩固了这种思想方法，发展了学生的思维能力。

总之，在研究数学问题时，我们通常是将未知问题转化为已知的问题，将复杂的问题转化为简单的问题，将抽象的问题转化为具体的问题，将实际问题转化为数学问题，我们也常常在不同的数学问题之间互相转化，可以说在解决数学问题时转化思想几乎是无处不在的。转化思想是数学中最基本的思想。"如果数学思想是数学的灵魂，那么转化思想就是数学思想的核心和精髓，是数学思想的灵魂。"因此，教师在教学过程中应做有心人，有意渗透、有意点拨，使学生在数学学习中体会到数学思想方法的美妙，感受到学习的乐趣，实现从"学会"到"会学"的转变。

"图形与几何"中渗透转化思想

数学是研究数量关系和空间形式的科学。而空间形式通常看作"形"，"图形与几何"是"形"的代表。在《课标》中，"图形与几何"学习是让学生经历从现实情境中抽象出图形的过程，经过从整体到局部、从立体图形到平面图形再到立体图形的学习，通过观察、操作、思考、想象等活动，发展空间观察能力；从图形的形状、图形的大小、图形的运动、图形的位置等多角度刻画图形，注重对所学内容的理解和应用。小学数学中"图形与几何"领域包括四个方面：图形的认识、测量、图形的运动和图形与位置。

其中，观察物体的第一学段是实物观察，活动任务是观察与辨认。一年级要求学生从不同的角度只观察一个物体，作为基本要求同一幅图不超过3个方向；三年级发展到观察一个物体及观察两个物体的简单关系，观察的角度增加，作为基本要求同一幅图不超过4个方向。第二学段分为两条线索：一是要求学生观察由几个正方体搭成的物体；二是要求学生感受观察的范围，随着观察点的变化了解物体之间的相互关系。活动任务除了观察与辨认，还包括画出观察到的形状的草图和根据形状还原立体图形。四年级下册要求学生观察由几个正方体搭成的物体，小方块的个数在4块（含4块）以内；在小场景下感觉观察的范围，随着观察点的变化了解物体之间的相互关系。六年级上册中小方块的数量增加到5块，并且要求学生讨论搭成符合条件的立体图形最少或最多需要多少方块；在大场景下感觉观察的范围，随着观察点的变化了解物体之间的相互关系。

图形的运动，在第一学段侧重整体感受现象。二年级上册要求学生在活动中积累图形运动的活动经验。三年级下册要求学生直观认识平移、旋转现象和轴对称图形。在第二学段要求学生通过画图等方式体会平移、旋转和轴对称的特点。五年级上册是平移和轴对称的再认识，六年级下册是旋转的再认识和三种运动的综合运用。

图形与位置，一年级上册要求学生认识上下、前后、左右；二年级下册要求学生辨认东、南、西、北四个方向，了解东南、东北、西南、西北。四年级上册，要求学生在方格纸上用数对确定位置；五年级下册要求学生根据方向和距离确定位置。

美国著名数学家斯蒂恩说过："如果一个特定的问题可以转化为图形，那么，思想就整体把握了问题，并且能创造性地思索问题的解法。"

"图形与几何"的转化思想包括正反两个方面：一是由数及形，对于表面上属于代数类的问题，充分利用"形"把其中数量关系的几何特征形象地表示出来，通过对图形的处理，发挥直观对抽象的支柱作用，实现抽象概念与具体形象、表象的联系和转化，化抽象为直观，以形助数，使问题获解。二是由形及数，根据图形结构关系特征，寻找恰当表达问题的数量关系式，将几何问题代数化，利用代数的算法化优势，以数助形，使问题获解。

一、转化思想在"图形与几何"中的应用

数学知识与数学思想方法是教材的两条主线。数学知识是一条明线，它被明明白白地写在教材上；而数学思想方法则是一条暗线，反映知识之间的横向联系，常常隐藏在数学知识的背后，需要加以分析、提炼才能显现出来。《课标》在教材的编写建议上提道：教材为学生的学习活动提供了基本线索，是实现课程目标、教学目标的重要资源。一些重要的数学概念与数学思想方法的内容应根据学生的心理特征、知识背景和所学知识的特点，采用螺旋上升的方式，逐渐加深学生对数学知识、思想和方法的理解和掌握。转化思想这个重要的数学思想具体被应用于小学数学教材"图形与几何"中的哪些知识中呢？

（一）图形的转化

这里所说的图形转化是指图形形状之间的相互转化，也就是平面图形与立体图形之间的相互转化，这是《课标》所要求的作为图形认识的一个重要内容，有利于初步培养学生的空间观念。第一学段的要求：辨认从正面、侧面、上面观察到的简单物体的形状。第二学段要求：能辨认从不同方位看到的物体

的形状和相对位置；通过观察、操作，认识长方体、正方体、圆柱和圆锥，认识长方体、正方体和圆柱的展开图。

教材中"观察物体"这一内容就是将立体图形转化为平面图形的集中体现，从二年级到四年级的各册教材中均有涉及，从具体到抽象，采用逐步渗透、深化、螺旋上升的方式依次呈现。

一年级下册《看一看（一）》教学：从不同方向观察单一物体的形状（见图1）。

图1

三年级上册《看一看（一）》教学：从不同方向观察形状，体会不同位置观察物体的范围和形状不同（见图2）。

图2

四年级下册《搭一搭》教学：从三个方向观察用小立方体搭成的立体图形形状（见图3）。

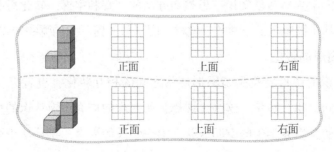

图3

五年级下册《展开与折叠》教学：把立体图形转化成平面图形（见图4）。

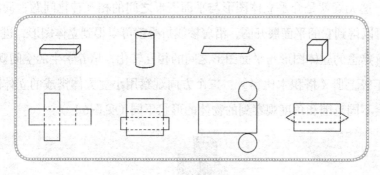

图4

五年级下册《有趣的折叠》教学：把平面图形转化成立体图形（图5）。

有趣的折叠

● 仓库模型。
　将下图按虚线折叠成一个封闭的立体图形。想一想，它的形状像什么？
　（单位：cm）

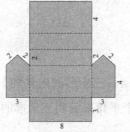

1. 做一做，把附页3中的图1剪下来，并沿虚线折叠成一个封闭的立体图形。

2. 刚才折叠出来的房子是一座仓库的模型，它各边的实际长度是图中相应长度的100倍，你知道这座仓库的占地面积是多少吗？

关键是要确定小仓库地面的长和宽是多少……

3. 请在平面展开图上将窗户、烟囱和小鸟的大致位置标出来。

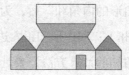

图5

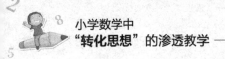

这样，把一个正方体、长方体或其他立体图形，或组合的立体图形通过折线打开，这无疑就是介乎立体图形与平面图形之间的相互转化问题；而沿着线打开就可以得到它的平面展开图，沿着棱线折叠就可以得到立体图形，进一步让学生理解熟悉的立体图形与平面图形之间的相互转化，培养学生的空间观念。

六年级上册《搭积木比赛》：三个方向观察用小立方体搭成的立体图形形状，体会不同范围和角度观察到的物体的形状不同（见图6）。

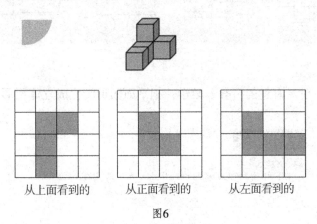

从上面看到的　　　　从正面看到的　　　　从左面看到的

图6

（二）等角的转化

在四年级下册《探索活动：三角形的内角和》中，研究三角形内角和时，把三角形的内角和转化成一个平角来证明三角形的内角和是180°，初步渗透了转化思想（见图7）。

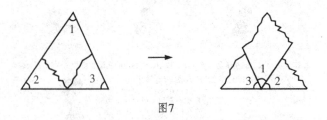

图7

在学习"三角形的内角和"后，为了加深对转化思想的渗透意识，有这样的一道习题（见图8）：四边形和正六边形的内角和分别是多少？由于学生已经掌握了三角形内角和的计算方法，要计算四边形、正六边形的内角和，只要引导学生动手添加辅助线，就可轻易将四边形分割成两个三角形，将四边形的四个内角和转化成两个三角形的六个内角和，即两个180°。而正六边形通过连接对角线转化成了四个三角形，则内角和是四个180°。这样，就把所求的多边形内角和转化为计算三角形内角和的问题了（见图8）。

图8

（三）等长的转化

周长是指封闭图形一周的长度。其中不规则图形的周长、拼剪图形的周长都可以转化为规则图形的周长。

1. 不规则图形的周长转化为规则图形的周长

求不规则图形的周长时，用平移的方法，使不规则图形转化成规则图形，然后求其周长。通过转化实现新旧知识的衔接，实现了复杂问题向简单问题的转化。

运用转化思想，将部分线段平移，能够将它转化为规则图形的周长，即长方形的周长（见图9）。将水平方向的线段平移，垂直方向的线段平移，这样正好得到一个长方形的周长，从而实现由不规则图形到规则图形的转化。

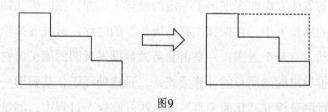

图9

同理，运用转化思想把小圆的曲线向外拉，就能够把它转化为规则图形的周长，即圆形的周长（见图10），从而实现由不规则图形到规则图形的转化。

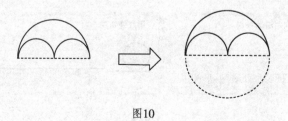

图10

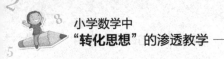

2. 拼剪图形的周长

拼剪图形，就是将规则图形拼剪在一起。如果直接运用公式，求其周长有一定困难，但是如果运用转化的思想，将隐性的条件挖掘，转化成显性的条件，则可以求出它的周长。

例如，图11中4个小长方形拼成一个大正方形。如果每个小长方形的周长是50cm，求大正方形的周长。

图11

此题如果直接运用正方形的周长公式，需要知道正方形的边长，求正方形的周长有一定困难。但如果仔细观察，会发现4个小长方形的宽相当于一个小长方形的长，从而将小长方形的长转化为小长方形的宽，将两个未知量转化为一个未知量。所以小长方形的周长=（长+宽）×2=50（cm），转化为（宽×4+宽）×2=50（cm），宽×10=50（cm），所以小长方形的宽为50÷10=5（cm），小长方形的长为5×4=20（cm），即正方形的边长是20cm，所以正方形的周长是20×4=80（cm）。

3. 曲线图形的周长

圆是小学阶段学生认识的最后一个平面图形，与学生已经认识的直线图形相比，作为曲线图形的圆，不仅与直线图形有着迥然不同的特性，而且在知识形成的过程与方法方面亦表现出了一定的差异。例如，在旧版北师大教材六年级上册《圆的周长》中，在探究"圆的周长"的时候，教材安排学生进行测量圆周长的活动，有两个意图：一是由测量的数据发现圆的周长与它的直径的关系，并进而推导出圆的周长的计算公式；二是借助绳子，绕圆形一周，然后拉直绳子，通过测量探究"化曲为直"的方法。在这个过程中，测量是进行探究的关键环节。教材不仅呈现了两种具体的测量方法，还通过图示的方法对这两种方法做了较为清晰的说明（见图12）。

图12

（四）等积的转化

在几何图形中，无论是平面图形还是立体图形中的很多知识，都可运用转化思想将新知识转化为旧知识。如求面积，可把平行四边形通过分割转化为长方形、把三角形通过拼凑转化为平行四边形、把梯形通过拼凑转化为平行四边形、把圆通过分割拼凑得到一个长方形或平行四边形。同样立体几何的体积计算也渗透了转化思想，如圆柱通过剪拼、切割，从而转化为长方体，圆锥也可通过转化，将它的体积与圆柱的体积联系在一起。而且很多的平面图形通过旋转，都可转化为立体图形。如长方形以长（宽）为轴，旋转可以得到圆柱体；直角三角形通过沿直角边旋转可以转化为圆锥体。可以看出转化思想在几何图形的教学中发挥着不可替代的作用。

1. 面积转化

小学数学"图形与几何"中，平面图形是主要的教学内容之一。平面图形的教学不仅包括各平面图形（如正方形、长方形、三角形、平行四边形、梯形）的初步认识，而且包括探索学习各种图形面积的计算。平行四边形、三角形、梯形等图形的面积公式推导，均是在学生认识了这些图形，掌握了长方形面积的计算方法之后安排的，是整个小学阶段平面图形面积计算的一个重点，也是整个小学阶段中能较明显体现转化思想的内容之一。教师教学这些内容，一般是将要学习的图形转化成已经学会的图形，在引导学生比较之后得出将要学习图形的面积计算方法。随着教学的步步深入，转化思想也渐渐浸入学生们的头脑中。

五年级上册《探索活动：平行四边形的面积》中，通过割补法把平行四边形转化成长方形，平行四边形的底等于长方形的长，平行四边形的高等于长方形的宽，平行四边形的面积等于长方形的面积，如图13所示。

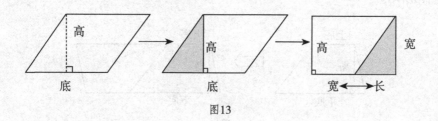

图13

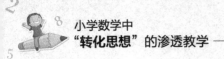
平行四边形的面积＝长方形的面积

底×高＝长×宽

平行四边形的面积＝底×高

$$S=a×h$$

　　五年级上册《探索活动：三角形的面积》教学中，通过添图法，利用两个完全一样的三角形合拼将三角形转化成平行四边形，三角形的底等于平行四边形的底，三角形的高等于平行四边形的高，三角形的面积等于与它等底等高的平行四边形面积的一半，如图14所示。

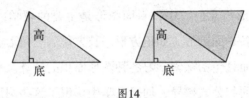

图14

三角形的面积＝平行四边形面积÷2

三角形的面积＝底×高÷2

$$S=ah÷2$$

　　五年级上册《探索活动：梯形的面积》教学中，通过添图法，利用两个完全一样的梯形合拼转化成平行四边形，梯形的（上底＋下底）等于平行四边形的底，梯形的高等于平行四边形的高，梯形的面积等于平行四边形面积的一半，如图15所示。

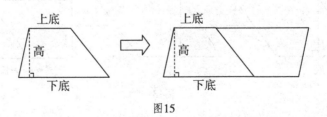

图15

梯形的面积=平行四边形面积÷2

梯形的面积= 底×高÷2

梯形的面积=（上底+下底）×高÷2

$$S=(a+b)\times h\div 2$$

五年级上册《组合图形的面积》教学中，教材呈现了运用"割"与"补"计算组合图形面积的两种方法：一是把"L"形分割成两个长方形，只需要分别计算每一个长方形的面积，然后相加即可；二是采用补的方式，将"L"形补成一个长方形，则这个"L"形组合图形的面积为大长方形的面积减去小正方形的面积。就这样把一个不规则的图形，通过"割补"的方法，转化成学过的规则图形去计算其面积，从而为运用割补法解决组合图形的面积计算奠定基础，如图16所示。

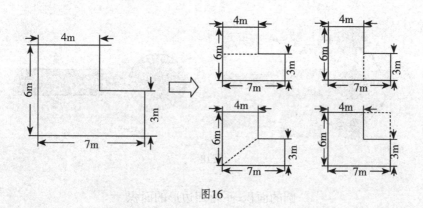

图16

五年级下册《长方体的表面积》教学中，在研究"长方体的表面积"时，学生已经学习了"展开与折叠"的方法，知道如何把立体图形转化成平面图形，因此，可以把长方体的表面积转化成组合图形的面积，从而得到长方体的表面积是长方体六个面的面积之和，如图17所示。

55

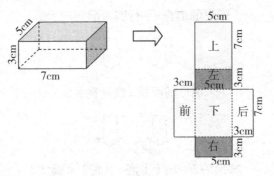

图17

长方体的表面积=（前面面积+左面面积+上面面积）×2

六年级上册《探索活动：圆的面积》教学中，在探究"圆的面积"的时候，学生已经有了探究直线图形面积的经验，但对于探究圆这一曲线图形的面积来说还是感觉有一定难度。于是教材在学习"圆的周长"时渗透了"化曲为直"的转化思想。所以这里可以安排学生通过分割圆的操作活动，逐步探究圆面积与半径的关系。通过切割法把圆形等分，等分的份数越多，组拼越近似于转化成平行四边形，圆周长的一半相当于平行四边形的底，圆形的半径相当于平行四边形的高，圆形的面积等于平行四边形的面积，如图18所示。

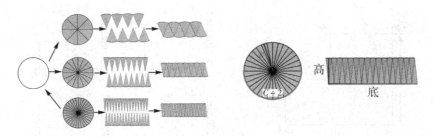

图18

圆的面积=平行四边形的面积

圆周长的一半×半径=底×高

圆的面积=圆周率×半径×半径

$$S = \pi r^2$$

六年级下册《圆柱的表面积》教学中，在探索"圆柱的表面积"时，把侧面沿着圆柱的高剪开，拉直展开转化成长方形，从而得到圆柱的表面积等于两个圆的面积+长方形的面积，如图19所示。

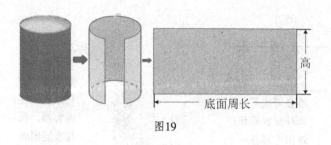

图19

圆柱的表面积=圆的面积×2+一个侧面积

圆柱的表面积=$2\pi r^2+Ch$

2. 体积转化

六年级下册《圆柱的体积》教学中，在研究圆柱体积时，引导学生猜想，圆可以转化成长方形计算面积，圆柱可以转化成长方体计算体积。把圆柱的底面积进行等分，等分的份数越多，沿着高切开后拼成的图形越近似一个长方体。从而得到，圆柱底面周长的一半相当于长方体的长，圆柱底面半径相当于长方体的宽，圆柱的高相当于长方体的高，圆柱的体积相当于长方体的体积，如图20所示。

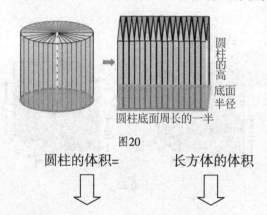

图20

圆柱的体积=　　　　　　长方体的体积

圆柱底面周长的一半×底面半径×高=长×宽×高

圆柱底面面积×高=长方体底面面积×高

圆柱的体积=圆柱底面面积×高

$V=Sh$

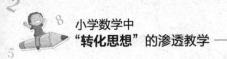

六年级下册《圆锥的体积》教学中，在研究圆锥体积时，教师引导学生猜想圆锥可以转化成圆柱，从而得到圆柱的体积等于和它等底等高的圆锥的体积的3倍，如图21所示。

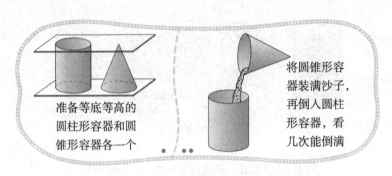

准备等底等高的圆柱形容器和圆锥形容器各一个

将圆锥形容器装满沙子，再倒入圆柱形容器，看几次能倒满

图21

$$V = \frac{1}{3}Sh$$

五年级下册《有趣的测量》教学中，利用排水法求不规则物体的体积。在实验后学生可以利用已有的知识和生活经验计算上涨的水的体积，就得到了不规则物体的体积。虽然物体是不规则的，但是把很多不规则物体的体积通过等积转化成水的体积后就变成规则的了，这样就很容易解决了〔见图22（单位：cm）〕。

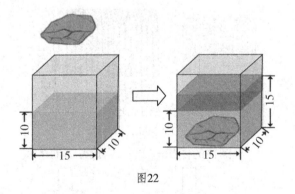

图22

（五）运动转化

1. 平移转化

很多几何问题的呈现方式，对学生来说有一定难度，或计算比较麻烦，给学生的理解带来一定的困难。如果引导学生运用平移的方式，将它转化为标准

图形，则可以降低难度，提高学生的学习效率，增强学生的学习信息，促进学生的发展，激发学生的学习兴趣。

例如，北师大版五年级上册《探索活动：平行四边形的面积》一课的推导过程（见图23），就是利用切割后平移的方式把平行四边形转化成长方形。

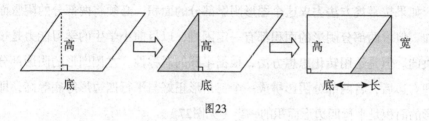

图23

五年级上册《组合图形的面积》中有这样一道习题（见图24）：求下图这个组合图形的面积是多少?

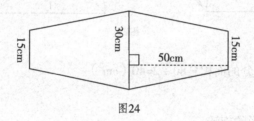

图24

如果运用常规的方法，需要计算两个梯形的面积，计算较麻烦。但如果运用平移的方法将它们转化为一个平行四边形，这一思路将会更开阔，更有创意（见图25）。

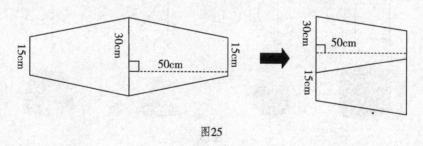

图25

因此，它的面积为45 × 50=2250（cm²）

又例如，在学习了"圆的面积"后，这样的习题：如果平行四边形的面积是80cm²，求阴影部分的面积（见图26）。

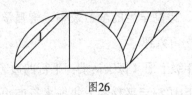

图26

如果按常规方法去求这个图形阴影部分的面积，必须将两部分的阴影面积相加，但求两部分阴影的面积都有一定困难，以目前小学生的学习能力是很难解决的。但是运用转化思想方法，根据半圆的对称性，左侧图形的阴影部分平移到右边后，将两部分阴影拼成一个三角形正好与平行四边形等底等高，即三角形的面积是平行四边形面积的一半（见图27）。

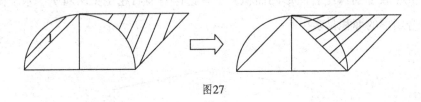

图27

所以，阴影部分的面积是80÷2=40（cm²）

2. 旋转转化

（1）平面图形的旋转。

例如，北师大版六年级下册《面的旋转》中，点动成线、线动成面、面动成体的生活情境以及由平面图形经过旋转形成几何体的过程，如图28所示。

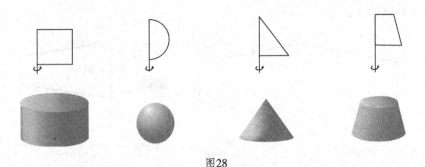

图28

又如，北师大版五年级上册《探索活动：三角形的面积》中另一种推导方法：沿着三角形的中位线垂直于高切割，把一个大三角形分成一个小三角形和一个梯形，然后把小三角形旋转，组拼成一个平行四边形，三角形的底等于平行四边形的底，三角形的高的一半等于平行四边形的高，三角形的面积等于平行四边形的面积，如图29所示。

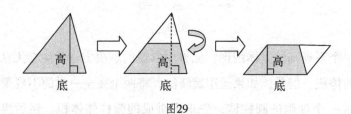

图29

三角形的面积=平行四边形面积

三角形的面积= 底 ×（高 ÷ 2）

$$S=a\,(\,h \div 2\,)$$

　　还有《探索活动：梯形的面积》的另一种推导方法，就是把一个梯形，沿着梯形的中位线垂直于高切割，分成两个梯形，然后把小梯形旋转，组拼成一个平行四边形，梯形的（上底+下底）等于平行四边形的底，梯形的高的一半等于平行四边形的高，梯形的面积等于平行四边形的面积，如图30所示。

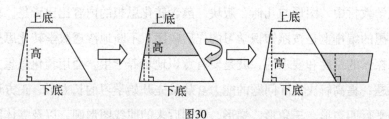

图30

梯形的面积=平行四边形的面积

（上底+下底）×（高 ÷ 2）=底 × 高

$$S=(\,a+b\,)\,(\,h \div 2\,)$$

（2）立体图形的旋转。

　　例如，海天出版社六年级下册《能力训练》中有这样一道习题：求下图这个立体图形的体积（见图31）。

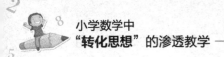

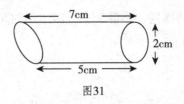

图31

这是一个不规则的立体图形，如果用常规的解决方法学生会无从入手，无法计算它的体积。但是，如果运用旋转法，将两个完全一样的不规则立体图形合拼转化成一个规则的圆柱体，先求出拼成的圆柱体体积，然后再求一个这样的物体的体积就简单了，如图32所示。

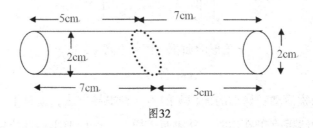

图32

所以，它的体积为$3.14 \times (2 \div 2)^2 \times (7+5) \div 2 = 18.84 (cm^3)$

综上所述，数学的学习过程是一个不断探索、前进、练习的过程，纵观小学数学教材中"图形与几何"版块，蕴含转化思想的内容比比皆是。教材在转化思想的编排上是按照知识学习的先后顺序、不断地渗透数学转化思想、逐步提高探索的难度和要求的，就是要有意识地培养学生学会用转化思想方法来解决问题，提高解决实际问题的能力。从最先开始学习的长方形、正方形，到后来的平行四边形、三角形、梯形，再到后来的曲线图形圆，以及立体图形圆柱、圆锥等，在这一循序渐进的过程中，学生一点点地理解和掌握直至最后灵活运用。由此可见，转化思想是一根无形的线将这些知识串联起来，是学生探究新知的重要策略之一。

二、在"图形与几何"教学中运用转化思想的策略

小学是学生学习数学知识的启蒙时期，这一阶段注意给学生渗透基本的数学思想显得尤为重要，而转化思想是数学基本思想中最为重要的一种数学思想，它是整个小学数学知识学习和能力培养的一条无形的线索，贯穿始终。

因此，在转化思想的渗透教学中，教师心里要清楚，转化思想是在知识的生成、发展、变化的过程中形成的。转化思想应该成为学生在研究数学过程中的内在的迫切需要，而不应该是教师所提出的要求。在教学的过程中，教师必须调动所有的储备，寻找可能的方法，在此过程中转化的思想也就随之潜入学生的心中。当然，为了能达到最佳的效果，对于转化过程中需要的一些基础性的数学知识也是必须储备和梳理的，从而促使诸多要用的数学知识成为学生所用，这样的转化才能水到渠成。

1. 化生为熟

任何一个新知识，总是原有知识发展和转化的结果。在实际教学中，教师可以把学生感到生疏的问题转化成比较熟悉的问题，并利用已有的知识加以解决，促使其快速高效地学习新知，而已有的知识就是这个新知的支撑点（见图33）。

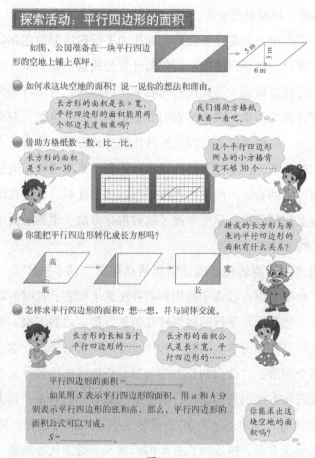

图33

如"图形与几何"中的平行四边形、三角形、梯形等图形的面积公式推导，它们均是在学生认识了这些图形，掌握了长方形面积的计算方法之后安排的，是整个小学阶段平面图形面积计算的一个重点，也是整个小学阶段能较明显体现转化思想的内容之一。教学这些内容，一般是将要学习的图形转化成已经学会的图形，再引导学生比较后得出将要学习图形的面积计算方法。

例如，北师大版五年级上册《探索活动：平行四边形的面积》教学，是在学生认识了长方形、正方形、平行四边形、三角形、梯形等平面图形，掌握了长方形面积的计算方法之后安排的，是整个小学阶段平面图形面积计算的一个重点，也是整个小学阶段能较明显体现教学数学方法的一个章节。教学这个单元，一般是把将要学习的图形转化成已经学会的图形，在引导学生比较之后得出将要学习图形的面积计算方法。随着教学的步步深入，转化思想从原先的陌生到后来的熟悉，越发显得重要。

平行四边形面积公式是以长方形的面积和平行四边形的底和高为基础，运用迁移和同化理论，将平行四边形面积的计算公式这一新知识，纳入原有的认知中。另外平行四边形面积公式这一内容学习得如何，与学习三角形和梯形的面积公式有着直接的关系。课上笔者引导学生运用转化思想，在数方格法的基础上，用割补法、平移法把平行四边形转化成为长方形，分析长方形面积与平行四边形面积的关系，再从长方形的面积计算公式推出平行四边形的面积计算公式，然后通过实例验证，使学生理解平行四边形面积计算公式的推导过程，在理解的基础上掌握公式。学生掌握了这种推导方法，也为后面学习三角形、梯形面积公式的推导做了准备。

本节课重点在剪拼转化、验证猜想活动环节。动手操作是一个循序渐进的探索过程。由于前面在数格子时用到割补法来求面积，这时可顺水推舟，让学生动手操作，想办法将平行四边形转化为长方形，之后汇报。剪的方法可能有好多种，这时及时抛给学生问题"为什么要沿高剪开"，让学生思考，再引导学生比较两个图形，"拼出的长方形与原平行四边形比较什么变了，什么没变？""拼成的长方形的长与原平行四边形的底有什么联系，长方形的宽与原平行四边形的高有什么联系？"顺势引导学生得出推导过程：将平行四边形剪、拼后转化成长方形，拼成的长方形的长就是平行四边形的底，宽就是平行四边形的高。因为长方形的面积=长×宽，所以平行四边形的面积=底×高。如用S表示平行四边形的面积，a表示平行四边形的底，h表示平行四边形的高，那么平行四边形的面积公式用字母表示为$S=ah$。同桌互说整个操作过程，真正理解。

最后让学生回顾推导过程，再闭上眼睛回想，进一步深化公式的推导过程。

分层训练，让学生理解新知，及时巩固，达到理解与内化。本着"重基础，验能力，拓思维"的原则，设计三个层次的练习：

第一层：基本练习。分清平行四边形的底和高的关系。

第二层：综合练习。

求平行四边形的面积必须具备哪些条件？动手操作量底和高，体现"重实践"这一理念。在计算中让学生明确，计算平行四边形面积时要注意底与高的对应，根据面积公式的灵活运用求平行四边形的底或高。

第三层：拓展提高。深化学生的转化意识，为后面三角形面积、梯形面积的推导做铺垫。

全课总结，质疑问难。让学生说说本节课学到的知识，并说说是怎样学到的，还有什么问题想与老师和同学商讨，培养学生整理知识的能力和质疑问难的能力。

又如，北师大版五年级上册《探索活动：三角形的面积》教学，笔者是这样设计的（见图34）。

（1）提出操作和探究要求。

让学生拿出课前准备的三种类型三角形（各两个）小组合作动手拼一拼、摆一摆，或剪拼。

屏幕出示讨论提纲：

①用两个完全一样的三角形摆拼，能拼出什么图形？

②拼出的图形与原来三角形有什么联系？

（2）学生以小组为单位操作和讨论。（学生实验，教师参与到小组中进行指导。）

（3）学生展示剪拼过程，交流汇报。（让学生将转化后的图形贴在黑板上，再选择有代表性的让学生汇报。）

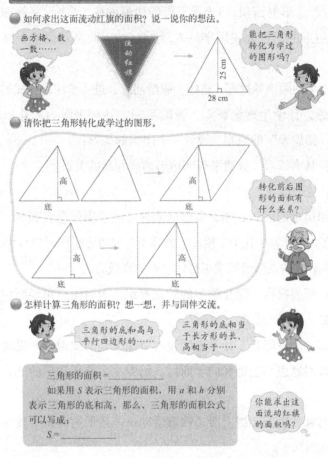

探索活动：三角形的面积

● 如何求出这面流动红旗的面积？说一说你的想法。

● 请你把三角形转化成学过的图形。

● 怎样计算三角形的面积？想一想，并与同伴交流。

三角形的面积 = ＿＿＿＿＿＿

如果用 S 表示三角形的面积，用 a 和 h 分别表示三角形的底和高，那么，三角形的面积公式可以写成：

S = ＿＿＿＿＿＿

图34

组1：我们用两个直角三角形拼成一个长方形。

组2：我们用两个完全一样的锐角三角形拼成平行四边形。

组3：我们用两个完全一样的等腰直角三角形，拼成一个正方形。

（分别指定学生演示拼的过程，并把拼好的图形贴在黑板上。）

师：大家来看，你们已经把三角形转化成了平行四边形、长方形、正方形。那么，怎么推导出三角形面积的计算方法呢？下面我们进行第二次小组合作，根据你们本组转化的图形，找到它们之间的联系，推导出三角形面积的计算公式。

（学生实验，教师参与小组，进行指导。）

师：同学们讨论得非常认真，找到三角形的面积的计算方法了吗？

生：找到了。

师：哪个小组说说你们是怎么找到的？

生：我们用两个完全一样的三角形拼成了平行四边形，平行四边形的面积是底乘以高，再除以2就可以求出一个三角形的面积。（师板书：底×高÷2）

师：是不是求一个三角形的面积，我们一定要拼成平行四边形以后再算呢？

生：不用，我们发现三角形的底和平行四边形的底相等，三角形的高和平行四边形的高相等，所以三角形的面积是底乘以高再除以2。（师板书：三角形的面积=底×高÷2）

…………

师：同学们真了不起，能用转化的方法推导出三角形的面积公式。得到这个公式，我们就可以求出任何三角形的面积。用这个公式计算三角形的面积（指板书），需要知道什么条件？

生：需要知道三角形的底和高。

在学习平面图形面积之前，学生通过数格子的方法学习了正方形和长方形的面积，之后要学习的图形面积都是以此为基础的。三角形的面积又是以平行四边形为媒介进行转化的，让学生再一次体会这一转化过程，从而渗透转化思想，提高转化意识。

2. 化繁为简

在处理和解决数学问题时，常常会遇到一些运算或数量关系非常复杂的问题，这时教师不妨转化一下解题策略，化繁为简，反而会收到事半功倍的效果。

例如，北师大版五年级下册《有趣的测量》一课教学，在学生学习了长方体、正方体的体积计算方法后，教材中出示一个不规则的石块，让学生求出它的体积（见图35）。核心问题是：要测量石块的体积你有什么办法？当出示这个问题时，学生议论纷纷，认为不能用长方体、正方体的体积计算方法直接计算。但小组讨论后便有小组提出，可以利用转化思想来计算出它的体积。再次小组讨论后，学生们的答案可谓精彩纷呈。

方法一：用一块橡皮泥，根据石块的形状，捏成一个和它体积一样的模型，然后把橡皮泥捏成长方体或正方体，橡皮泥的体积就是石块的体积。

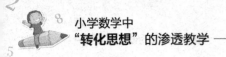
有趣的测量

🔵 如下图，要测量石块的体积，你有什么方法？与同伴交流。

不能直接用公式，怎么办呢？

🔵 淘气是这样测量的，你看懂了吗？与同伴说一说。（单位：cm）

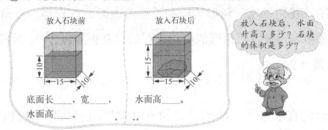

放入石块前　　　　　　放入石块后

底面长____，宽____，
水面高____。　　　　　水面高____。

放入石块后，水面升高了多少？石块的体积是多少？

🔵 下图是另一种测量石块体积的方法。按照图示的步骤说一说，怎样能知道石块的体积？

放入石块前　　　放入石块后　　　测量溢出的水

量杯

🔵 生活中还有哪些物品可用上面的方法测量它的体积？在测量时需要注意什么问题？小组交流讨论。

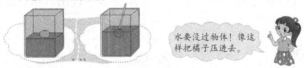

水要没过物体！像这样把橘子压进去。

图35

方法二：把这个石块放到一个装有水的长方体水槽内，浸没在水中，看看水面上升了多少，将水槽底面的长、宽与水面上升的高度相乘得到石块的体积。

方法三：把石块放到一个装满水的量杯内，使之淹没，然后拿出来，看看水少了多少毫升，这个石块的体积就是多少立方厘米。

方法四：可以请泥水工匠师傅帮个忙，把石块磨成粉末，然后再把它捏造成一个规则的长方体后再计算。

有时候，在计算一些图形面积时，往往会出现一些不规则图形或组合图形，这就需要学生灵活运用转化的思维方式，通过割补等方法将图形通过转化由复杂变成简单。例如，北师大版五年级上册《组合图形的面积》一课教学实录如下：

① （师出示图36——智慧老人准备给自家客厅铺上地板，客厅的形状如图36所示）。想一想，算一算，智慧老人家客厅的面积有多大？

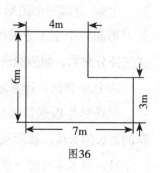

图36

师：我们已经会计算长方形、三角形、平行四边形、梯形等一些基本平面图形的面积，而这个图形不是这些基本图形，你会计算它的面积吗？你准备怎样算？请你先在小组中交流，再算出结果。

② 小组交流，教师巡视。

③ 分类汇报，集中整理。

教师在黑板上展示学生把客厅平面图形转化成学过图形的方法。（见图37横向顺序）

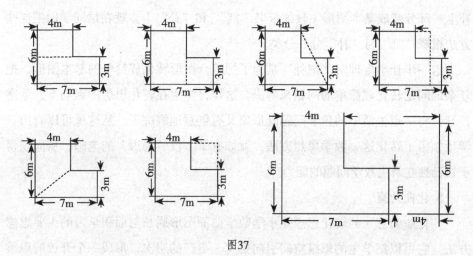

图37

生1：可以看成由一大一小两个长方形组成。

生2：可以看成由一个长方形和一个正方形组成。

生3：可以看成把右下角的小三角形切下来，旋转到上面，组成大梯形。

生4：可以看成把右下角的小长方形切下来，旋转到上面，组成大长方形。

生5：可以看成由两个梯形组成。

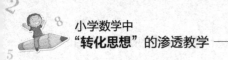

生6：可以补一个小正方形，组成一个大长方形。

生7：可以再找一个完全一样的客厅平面图组成长方形。

师：你们还有什么方法？

生8：分成三个图形，可以看成由两个一样的小长方形和一个小正方形组成。（学生说出把图形分成三部分来算，如图38所示）

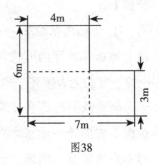

图38

④ 找出数据，计算面积。

先让学生根据自己所分的图形，找到相关求面积的边长的长度，然后独立计算出面积。

师：请大家再想一想，这些方法又有什么共同的特点呢？

生9：都是把我们没学过的图形变成我们学过的图形再计算。

师：没错，你真是一个善于观察的孩子，这样的变化方法我们在数学上称为"转化"。

小结：同学们的方法当中，有些是把图形分割成两个基本图形，有些是先补上一部分变成基本图形（教师板书"割" 和"补"）。现在请同学们把这些方法根据"割"与"补"分一分类。

进一步让学生理解"割补"是为了把组合图形转化成简单的基本图形，把复杂的问题转化成简单的问题来解决。这样，学生在转化思想的影响下，茅塞顿开，将一道生活中的数学问题既形象又有创意地解决了。从这里可以看出：学生领悟了转化这一数学思想方法，就如有了一位"隐形"的老师，从而获得了自己独立解决数学问题的能力。

3. 化曲为直

"化曲为直"的转化思想是小学数学曲面图形周长与面积学习的主要思想方法。它可以把学生的思维空间引向更宽、更广的层次，形成一个开放的思维空间，为学生今后的发展打下坚实的基础。

直线可量可测，曲线的测量难度显而易见，圆的周长与面积的教学以及圆柱、圆锥相关知识的教学，正是运用转化思想帮助学生突破了这样的空间障碍，让曲面图形的学习也得心应手起来。

例如，北师大版六年级上册《圆的面积》一课的教学，第一步可以引导学生回顾以前学习过的平行四边形、三角形、梯形面积计算的推导过程，让学生思考这些图形面积的计算方法是怎么推导出来的。第二步引导学生猜想今天所学习的圆能否也可转化为以前学过的图形来推导面积计算公式，让学生在旧知的推动下积极地思考如何转化。第三步引导学生操作，可以让学生思考将圆转化为什么图形，怎么转化。可以让学生小组合作研究，剪一剪、拼一拼，最后交流共同讨论得出的结论：通过将圆分割成若干等份，拼成近似的长方形，由圆的半径与面积的关系转化为长方形的长、宽与面积的关系，由长方形的面积公式，推导出圆的面积的公式。这里，就是将长方形的面积公式转化为圆的面积公式。（之后在六年级下学期学习圆柱体积的计算时，学生也能很快悟到立体图形之间的联系，推导出圆柱体积的计算公式。）

学生通过"化曲为直"达到了化未知为已知。学生兴趣盎然，通过剪、摆、拼以及多种感官协同参与活动，拼出以下图形（见图39）。

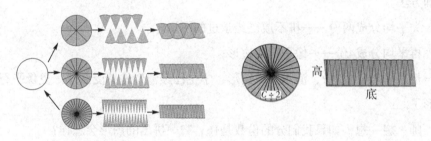

图39

或把其中的每一份再平均分成两份后，拼成近似的长方形，从而推导出面积公式：$S = \pi R^2$。当学生得出圆的面积公式后，教师可以再创设一个情境：将圆平均分成32、64、128、256、512、1024…要学生想象，拼出的图形是否越来越接近标准的长方形、平行四边形、三角形和梯形。学生在这种"有限割拼，无限想象"的学习中，初步感受到了"化曲为直"的转化思想，也渗透了"极限思想"，同时也体会到了数学的简洁美，激发了学习兴趣，并为今后学习高等数学中的"微积分"奠定了感性的基础。具体实录如下：

① 引发探究兴趣。

谈话：通过例7的学习，我们知道了圆的面积等于半径乘半径的3倍多一些，这里的3倍多一些是近似数，现在又有同学猜想这个倍数可能就是π。那

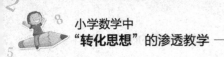
么，需要思考其他计算圆的面积的方法。

②回顾。

黑板上出示平行四边形和三角形。

师：请同学们回忆一下平行四边形、三角形和梯形面积的推导过程。

总结：平行四边形面积的推理方法是"剪"，三角形面积的推理是"剪与拼"。

③尝试。

师：大家觉得用两个圆能拼出我们可以进行计算的图形吗？

生：不能。

师：那我们就先剪一剪试试。可以随意剪吗？

生：不可以，要平均分。

师：是的，让我们先从简单的开始研究，边剪边拼边研究才是学习数学的正确方法。

先平均分成两份——拼不成已经学过的图形；

再平均分成4份——像平行四边形；

最后平均分成8份，演示拼成图形，学生已经清楚地感受到——更像平行四边形了。

师：想一想，如果我们分的份数是16、32…拼出的图形会怎样？

生：越来越接近平行四边形。

④多媒体演示。

多媒体第一次演示：平均分成4份，拼成的图形有点像平行四边形；平均分成8份，拼成的图形像平行四边形；平均分成16份，拼成的图形更像平行四边形；平均分成32份，拼成的图形是平行四边形，并且接近长方形了。

多媒体第二次演示：重点观察长方形的长和宽与圆的联系。

⑤推导公式。

生：长方形的长就是圆的周长的一半。

师：怎么表示？

生1：$C \div 2$。

师：还可以怎么表示？

生2：$\pi d \div 2$。

生3：$2\pi r \div 2$。

生4：$2\pi r \div 2 = \pi r$。

比较选择：$S = C \div 2 \times r$；$S = \pi d \div 2 \times r$；$S = \pi r \times r$。

师：你觉得哪种表示方法最合适？说说理由。

生：$S = \pi r \times r$，因为 π 和 r 都可以直接告诉我们，不需要计算。

师板书：$S = \pi r^2$。

小结：像这样把圆通过"剪"和"拼"变成以前学过的长方形再进行计算的方法，我们数学上称为"转化"。

建构主义理论告诉我们，知识并不能简单地由教师或他人传授给学生，而只能由每个学生依据自身已有的知识和经验主动地建构。维果茨基的最近发展区理论认为，在教学中应启发学生从原有认知结构中找准新知的生长点，不仅要考虑学生学习新知识所需要的基础，而且要充分考虑学生对将要学习的新知识已了解多少，从而确定新知学习的起点。

"化曲为直"的转化思想是小学数学曲面图形面积学习的主要思想方法。在日后的立体图形中还将继续运用，它可以把学生的思维空间引向更宽、更广的层次，突破空间上的障碍，形成一个开放的思维空间，为学生今后的发展打下坚实的基础。

4. 化形为数

数和形是数学研究的两个基本对象。"数"构成了数学的抽象化符号语言，"数"的计算比较确切精准。"形"构成了数学的直观化图形语言，"形"虽直观形象，但有时却能给人以假象。它们各有优势，在引导学生充分利用"形"的直观形象时，要注意逐步培养学生从"数"的角度进行计算、验证，培养科学的求真精神。所以，人们常常把"数"和"形"结合起来，通过"化形为数"，使数量的精确刻画与空间形式的直观形象和谐统一，从而使问题得以巧妙地解决。

例如：在北师大版二年级下册《搭一搭》中，教材有这样一个问题：

① 13根小棒可以搭几个正方形，还剩下几根？

学生通过动手操作，找到了答案：可以搭3个正方形，还剩下1根。如果只知道这个答案的话是远远不够的，教师更需要思考的是为什么教材要安排这样一个环节呢？显然，需要配上算式来解释其搭法让学生思考与发现其中的奥秘（见图40）。

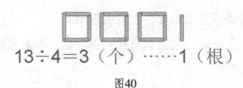

$$13÷4＝3（个）……1（根）$$

图40

紧接着教材出示第2个问题，让学生继续动手搭一搭、填一填，从中发现图形的规律。

②搭一搭，填一填，你发现了什么（见图41）？

小棒根数	搭成的正方形	算式
14	 □□□⌐	14÷4＝3（个）… 2（根）
15	 □□□⌐	15÷4＝3（个）… 3（根）
16	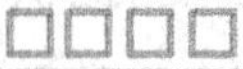 □□□□	16÷4 ＝4（个）… 0（根）
17	 □□□□∣	17÷4＝4（个）… 1（根）
18	□□□□⌐	18÷4＝4（个）… 2（根）
19	 □□□□⌐	19÷4＝4（个）… 3（根）
20	□□□□□	20÷4＝5（个）… 0（根）

图41

虽然图形很直观，学生也动手操作了，有了一定的活动经验，但是这并不能说明学生能真正理解与发现"余数都比除数小"的原因。也就是说，必须结合算式才能真正让学生观察与理解、发现"余数都比除数小"——剩下的根数搭不了一个完整的正方形，所以剩下的根数在数学算式中称为"余数"！这样，先是通过动手操作，"搭一搭"来让学生理解算理，然后利用"填一填"活动让学生进一步理解算理，最后，渗透转化思想借助于"数"让学生深化理解直观的图形，从中理解"形与数"的关系，进一步理解算式中每个数与运算符号的意义，建立"形"中剩下根数与余数之间的联系。

例如，北师大版四年级上册《确定位置》一课，就是让学生学习用"数对"来表示"位置",将教室的"座位"平面图抽象为比较形象的"直角坐标系",建立"数对"与平面上"点"之间的一一对应关系。这也是让学生进一步理解转化思想的又一载体,在此过程中学生初步体验到,有了坐标系(参照点即原点,有相互垂直的带有方向的两条直线,每条直线上规定单位长度)后,整个平面就"结构化"了,可以用一对有顺序的"数"来确定平面上的一个"点",这就是"化形为数",如图42所示。

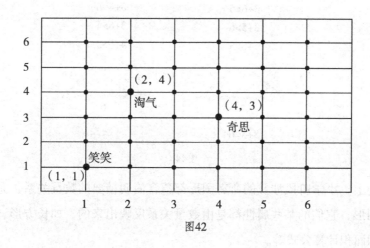

图42

例如,北师大版四年级下册《探索与发现:三角形的关系》一课教学中,如果单靠图形观察、动手操作后来判断任意三条边是否能摆成一个三角形,对学生来说是有一定难度且违反科学的严谨性的。因此,必须经过对边的长度进行数据说明方可让学生真正理解"三角形边的关系"是怎样的。

问题:用小棒摆三角形,下面哪组能摆成?哪组摆不成(见图43)?(单位:cm)

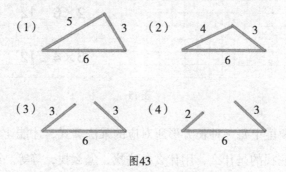

图43

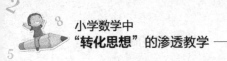

学生经过小组的合作、讨论与分析，得出结论：三角形任意两边之和大于第三边。

如果没有下列一串不等式的比较与呈现，单靠图形，学生是难以理解三角形边的关系的结论的（见图44）。

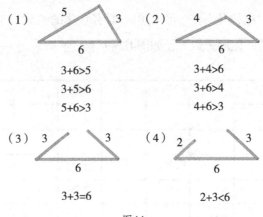

（1）

3+6>5
3+5>6
5+6>3

（2）

3+4>6
3+6>4
4+6>3

（3）

3+3=6

（4）

2+3<6

图44

事实上，小学阶段涉及的所有图形都蕴含简明精要的数量关系，尤其是一些基本图形，它们的某些属性都是由数量关系反映出来的，如长方形、正方形的周长和面积计算公式等。

例如，北师大版五年级上册《找因数》这节课的核心问题是，用12个小正方形拼成一个长方形，有哪几种拼法？

如果只是单纯地拼一拼，拼出3种长方形，那是很简单的一件事，但是在拼的背后却隐藏着莫大的知识奥秘——找因数的方法，如图45所示。

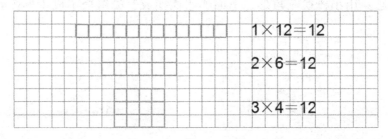

$1 \times 12 = 12$

$2 \times 6 = 12$

$3 \times 4 = 12$

图45

因此，需要配上每一种长方形所对应的乘法算式，才能让学生明白与理解"找因数"到底找的是什么，用什么办法找，怎么找，等等。这就是"数"对形的诠释!

例如，五年级下册《长方体的认识》一课，教材要求让学生在摸一摸、看一看、比一比、数一数、量一量、说一说等活动中研究探索出"长方体和正方体"的基本特征，如图46所示。

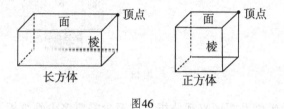

图46

虽然在研究探索活动中，学生对长方体和正方体的基本特征已有了一定的了解或初步的认识，但是，如果没有引导学生把所发现的特征进行一次有效的整理，对部分学生来说还是难以理解与掌握的，尤其是关于"顶点、棱与面"的基本特征。所以教材安排了这样一个活动：长方体和正方体各有什么特点？做一做，填一填（见图47）。

顶点	个数	8个	8个
面	个数	6个	6个
	形状	正方形	长方形或正方形
	大小关系	大小相同	相对的两个面大小相同
棱	条数	12条	12条
	长度关系	长度相同	相对的棱长度相等

图47

有了这样一个活动，学生对"长方体和正方体"的基本特征就有了全面的认识，尤其对"6、8、12"这3个数字的认识与理解更有了一定的敏感性。一说"6、8、12"，学生的第一反应便是6个面、8个顶点、12条棱，不管是长方体还是正方体。

例如，北师大版五年级下册《长方体的表面积》一课中：做一个长7cm、宽5cm、高3cm的长方体包装盒，至少需要多少硬纸板（见图48）？

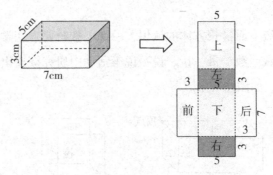

图48

教师引导学生借助图形直观分析。"至少需要多少硬纸板"就是求该长方体的表面积，也就是求这个长方体6个面的面积之和。

学生在前一节课"展开与折叠"知识的影响下，把这个长方体沿着棱剪开，把它转化成平面图形，然后求这个平面图形的面积。于是就有了以下方法：

方法一：$7×5×2+7×3×2+3×5×2$

方法二：$（7×5+7×3+3×5）×2$

方法三：$7×5+7×5+7×3+7×3+3×5+3×5$

方法四：$10×5+7×11+3×5$

方法五：$20×5+7×3×2$

方法六：$7×5+7×11+3×5×2$

在学生充分想象的基础上，对方法进行优化。重点引导学生观察："方法一"与"方法二"两种解法在算理上有什么联系？经过讨论，学生一致认为这两个算式可以用乘法分配律进行解释，从而进一步增强学生对"形"与"数"、"数"与"数"之间的内在联系的认识。在此基础上，抽象出求长方体表面积的数量关系模型，长方体的表面积=长×宽×2+长×高×2+宽×高×2，或（长×宽+长×高+宽×高）×2，从而促使图形问题——长方体的面积的解决更加简捷。

总之，转化思想中的"化形为数"能使数量的精确刻画与空间形式的直观形象达到和谐统一。所以，在小学数学教学中，教师应充分重视转化思想中"数与形"之间的相互转化，把数学问题中的运算、数量关系等与几何图形和图像结合起来让学生进行思考，从而使"数"与"形"各展其长、优势互补、相辅相成，使逻辑思维与形象思维完美地统一起来，在数学学习中加以应用，从而有利于学生更好地掌握数学知识，更深刻地理解知识的本质，更灵活地发现、提出和解决问题，感受数学的真与美。

　　上述理论与实践反映出，教师在小学数学教学中，应当结合具体的教学内容渗透数学转化思想，通过精心设计的学习情境与教学过程，引导学生领会蕴含在其中的转化思想方法，揭示它们的本质与内在联系，帮助学生建立和完善知识体系。此外，让学生了解、掌握和运用转化思想，不仅有利于学生提高数学学习的效率、开发智力、培养数学能力、提高数学应用意识，还能为学生的后继学习和未来发展乃至终生发展奠定坚实的基础。

"统计与概率"中渗透转化思想

统计推断思想到19世纪初才开始萌芽，以概率论为基础、以统计推断为主要内容的现代意义的数理统计学直到20世纪才建立起来。统计与概率密切相关，二者的融合在国外小学数学教育中得到了较好的体现。2001年《义务教育数学课程标准（实验稿）》（以下简称《旧课标》），第一次将"统计与概率"作为四大学习领域之一提出，统计与概率的教学受到了前所未有的重视。然而，通过调研笔者发现，小学数学教师普遍认为统计与概率在小学数学教科书中未得到较好的融合。因此，对小学数学中统计与概率的融合进行研究很有必要。

《课标》中"统计与概率"领域包含数据统计活动以及可能性等方面的内容。"统计与概率"在《课标》中占据重要位置。《课标》中"统计与概率"主要研究现实生活中的数据和客观世界中的随机现象，它通过对数据收集、整理、描述和分析以及对事件发生可能性大小的刻画，来帮助学生作出合理的推断和预测。在"统计与概率"（1~6年级）学段的学习中，充分体现了转化思想。譬如，在第一学段（1~3年级）就出现了象形统计图、条形统计图及相应的图表。在第二学段（4~6年级）则进一步引入折线统计图、扇形统计图及相应的图表。图表能够直观、形象地展示丰富的信息，有助于"统计与概率"学习中形象思维的展开。

条形统计图、折线统计图、扇形统计图，这些都是概率与统计领域里的重要知识。通过观察图形获得信息本身就是一种转化思想。以下介绍条形统计图、折线统计图、扇形统计图的定义。

条形统计图：用一个单位长度表示一定的数量，根据数量的多少画成长短不同的直条，然后把这些直条按照一定的顺序排列起来。从条形统计图中很容易看出各种数量的多少。

折线统计图：用一个单位长度表示一定的数量，根据数量的多少描出各点，然后把各点用线段顺次连接起来。它的作用是不但可以表示数量的多少，而且能够清楚地表示数量增减变化的情况。

扇形统计图：用整个圆表示总数，用圆内各个扇形的大小表示各部分数量占总数的百分数。它的作用是可以很清楚地表示各部分数量。

一、统计与概率的转化关系

伴随文化多元时代的到来，学科之间的融合已成为教育改革与发展的必然趋势。《课标》中也体现了对数学与其他学科融合的要求，如"数学课程的设计与实施应根据实际情况合理地运用现代信息技术，要注意信息技术与课程内容的整合，注重实效"。

数学四大领域之间的相互渗透也逐步得到应有的重视，如统计与概率中数据的整理利用了数与代数中简单的计算知识；对不同几何图形的分类建立在图形认识的基础上；在"综合与实践"中，学生将综合运用"数与代数""图形与几何""统计与概率"等知识和方法解决问题。显然，统计与概率的转化符合时代发展的需要和学生发展的需要。

二、统计与概率的联系紧密

统计学是一门应用性学科，可以与其他学科很好地融合，尤其是统计与概率二者的融合与发展对众多学科的应用与提升都起到了积极作用。统计学是关于确定性和随机性数据资料的收集、整理、分析和推断的科学，按其是否使用概率方法，可分为两个层次：描述统计学和推断统计学。《数学辞海》第四卷指出，概率是随机事件出现的可能性的量度。其中，"可能性"是概率中的核心词，也是小学数学教育中的常用术语。

统计与概率知识的共同作用有助于众多应用问题的解决。一方面，一些统计问题需要概率作为基础。以抛硬币为例，随着试验次数的增加，硬币正反面出现的频率呈线性稳定的特征，这是概率论中大数定律的一个应用。另一方面，一些概率问题也离不开统计知识。以摸球为例，一个装有若干个红球和白球的袋子，从袋中随机摸出一球，判断摸出红球还是白球的可能性哪个更大，需要统计袋中红球与白球的个数，或者记录多次有放回地摸出球的颜色进行预测。

三、统计与概率渗透转化思想的意义

新课改以来，倡导从"以知识为本"转向"以学生为本"。课程内容编排不仅应考虑学生认知发展的需要，同时应兼顾知识系统的要求。基于统计与概率的紧密联系，应该在课程内容设计上使之得到适当的融合，这既有助于促进学生对知识系统性的掌握，又有助于教师教学的相互衔接。对于教师而言，统计与概率的融合有助于教师深刻理解二者的本质特征及其关系，从而促进教师专业发展，为更准确、更全面地传授相关知识奠定基础。对于学生而言，统计与概率的融合有助于学生认识二者的关系，将知识融会贯通。学生通过收集、整理、分析数据，多角度、多方式学习相关信息，对学生的数学思维、应用能力等方面的发展能起到积极作用。

以北师大版四年级下册《平均数》教学为例，进行具体阐述。

1. 创设情境，体验产生平均数的必要性

师：同学们，我们在这节课上先来做一个记数游戏好不好。

［出示游戏规则（见图1）。每次3秒钟，每次呈现10个数字，时间到了让学生把记住的数写下来。］

（1）活动开始，分5次记数。之后，学生汇报成绩情况。

图1

师：你认为你的记数字水平用哪个数代表比较合适？学生回答。

屏幕呈现一组淘气记数5次的成绩统计表（见图2）。（让学生说说表中数据的意思。）

淘气5次记住数字的情况统计表

次数	第1次	第2次	第3次	第4次	第5次
记住数字的个数	5	4	7	5	9

图2

思考：用哪个数能代表淘气记数字的水平呢？引起争论后，学生在本子上利用画图、计算找能代表淘气记数水平的数。

师：平均每次记住6个数字是怎么得出来的？（板书：平均数）

（2）认识平均数。

像这种在总个数不变的情况下，把个数多的移给个数少的，使每次记住数字个数相同的方法叫移多补少（见图3）。刚才同学们用移多补少的方法求出了平均数是6。

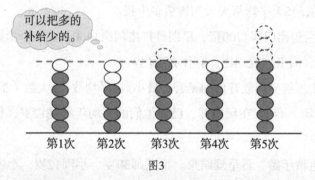

可以把多的补给少的。

第1次　第2次　第3次　第4次　第5次

图3

算一算，（7+4+5+9+5）÷5＝6（个）

① 算式中的数都表示什么意思？

② 比较两种方法（画图和列算式），你喜欢哪一种？为什么？

小结：当数字比较小又接近的时候我们用移多补少的方法更简便，当数字比较大而复杂的时候我们用计算的方法更为简单。

（3）理解平均数的意义。

淘气没有一次记的数字是6，为什么能用6代表淘气的记数字水平？

生1：这是个体的平均水平。

生2：6表示的是整体水平。

（4）学生读"平均出来的牛体重"故事，理解平均数。

（5）呈现有关西安的一些数据让学生找出平均数。其实，我们身边也有许多平均数，你能举个例子吗？

2. 在具体情境中理解、应用平均数

师：是的，由于平均数能体现整体状况，它在生活中的作用还真不小呢，出示题目看看吧。

（1）出示：在投篮比赛中，奇思前后4次投中的个数分别为7个、7个、6个、8个。用什么数可以表示奇思一次投中的个数呢？

（2）估计：表1为科技馆一星期出售门票情况统计表。

表1　科技馆售出门票统计表

时间	星期一	星期二	星期三	星期四	星期五	星期六	星期日
售票/张	700	640	910	990	1300		

① 估一估前5天平均每天大约售票多少张。

② 星期六售出门票1700张，星期日售出门票1460张。这个星期售票张数的平均数与前5天的平均数相比，有什么变化？

引导学生理解平均数背后的秘密：最小数<平均数<最大数（板书）。

（3）操场上有6人在玩篮球，已知他们的平均年龄是12岁，猜一猜，他们可能各有几岁？

先让学生猜年龄，再呈现结果。王老师30岁，小刚12岁，小明10岁，小王7岁，小强7岁，小军6岁。由此引出极端数据概念。

小结：看来平均数的作用真大，它不仅能让我们了解一个小整体的状况，还能让我们根据小整体的状况推测出大整体的状况。但是，极端数据的出现会干扰我们的判断。因此，歌唱比赛中一般要去掉一个最高分和一个最低分，把剩下的再求平均数比较合理。

平均数是统计学中一个常用的统计量。教材中把平均数安排在五年级下册"数据的表示和分析"一课里，明显加重了平均数的意义在数据的表示和分析中的分量，突出了平均数的统计学意义，即平均数能表示统计对象的一般水平，它是描述数据集中程度的一个统计量，它既可以反映一组数据的总体情况，也可以作为不同组数据相比较的一个标准，以看出组与组之间的差别，所以平均数是统计中的一个重要概念。本节课是学生进一步学习平均数在统计学上的作用的基础，也是学会对一组数据进行分析、描述的关键。平均数也是统计学中一个重要的概念，我们所讲的平均数一般是指算术平均数，也就是一组数据的和除以这组数据的个数所得的商。因此本节课的教学设计力求做到以下两点：

① 注重学习方法的指导。在移多补少的过程中，教师须十分注重引导学生观察"什么不变"，为学习用"总数量÷总份数=平均数"打下坚实的基础。教师应该引导学生明确实际上淘气每次记住的数字的个数并不是6，平均数并不是表示一个实实在在的数，它的概念与过去学过的平均数的意义是不完全一样的，平均数是一个"虚拟"的数，是借助平均分的意义得到的。

② 多向互动，注重合作与交流。本课的教学过程中，创设了师生互动、生生互动等形式，让学生在合作与交流中完成知识的学习，共同体会学习的成果，共同体验成功的喜悦。

"平均数"的统计转化，其目的主要还是让数学与生活进行相互转化，让学生充分感受数学与生活之间的密切联系，感受学习平均数的重要意义与必要性。

这样，把数学知识从生活中提取，使数学生活化，让学生对数学生活化有了更深层次的认识。只有在社会生活中，学生才能通过经历社会现象获得对事物的基本认识和情感体验并进而转化为自己的生活经验，生活才是学生获得知识和经验的沃土。在学习小学数学课之前，学生已经具备了一些简单的生活经验，对一些社会事物和现象有了自己的基本认识和情感体验，这些都是他们进一步接受小学数学理论知识的基础，是非常重要的，也为小学数学实行生活化教学提供了可能性。如果小学数学课不关注学生的生活经历和体验，那么数学基础知识将会失去生命力和价值。小学生由于受年龄和思维发展特点的影响，对新鲜事物和自己感兴趣的事物好奇心和探索欲很强。小学数学课教学要关注学生心理的发展特点、了解学生的兴趣爱好、重视学生探索知识的过程。教师要引导学生主动关注生活，从生活中挖掘数学知识，养成观察生活、体验生活的好习惯。同时，又要明确数学高于生活，要对生活中的事物和现象进行提炼和科学加工，发现它们的数学意义和价值。数学生活化是让学生关注生活背景和生活经验，绝对不是让生活经验在课堂上简单地再现。如果只是把原汁原味的生活世界搬上我们的小学数学课堂，课堂将会变得无序而杂乱，数学学科也就失去了知识性这一根本属性。因此，不能仅仅停留在让学生关注自己狭隘的生活世界，而是要为学生构建可能的未来生活。学生的视野开阔了就不会仅关注自己的生活世界，而会更加关注周围、关注社会，对人生和社会的责任感也会增强，人生意义更加充实，人生价值将会得到更大的提升。

四、"统计与概率"中渗透转化思想的分析

例如，北师大版二年级下册《评选吉祥物》一课教学实录与反思。

1. 创设情境，激趣导入

孩子们，六一儿童节快到了，大家要为我们班选出一个吉祥物。黄老师前期做了一个调查，这几种动物比较受大家欢迎，看看它们都是什么动物？（出示四种动物：猴子、大象、熊猫、兔子。）

设计意图：通过六一儿童节选吉祥物的活动，引出本节课主题——评选吉祥物。

2. 探索新知

（1）体验统计的必要性。

①让你选一个你最喜欢的动物，你会选谁？为什么？

②你们选的都不一样，到底选谁呀？（引出选"喜欢人数最多的那只动物"）

③怎样才能调查出喜欢哪种动物的人数最多？

引导学生说出常用的调查方式，如投票、举手等，并重点阐述投票的具体过程。

设计意图：设计了紧密联系的问题串，通过"怎样才能调查出喜欢哪种动物的人数最多"这一问题，引导学生切身体会统计的必要性，并认识常见的两种调查方式：举手、投票。

（2）经历一个完整的统计过程。

①投票。

② 选2位即将进行唱票的学生，对台上唱票的学生和台下记录票数的学生提出必要的要求，并进行唱票。

③ 选出3位学生的记录与其他学生进行分享。

④ 根据整理结果填写表格信息。

设计意图：引导学生经历"投票——唱票并记录——统计整理——得出结论"这样一个完整的统计过程，对统计有一个整体的感知，从更深层次体会统计的意义。

（3）回忆本节内容，梳理主要知识点。

请你们回忆，在评选的过程中，我们都做了什么？

［调查（投票、举手）——记录（1、△、□、√）——对比——选择。］

设计意图：通过回忆评选过程，引导学生再次感受统计过程中的几大环节及其作用，再次加深调查方式及记录方法在学生心中的印象，突出重难点。

3.习题巩固

（1）教材第87页第2题。

引导学生根据情境图统计信息，并学会对图中信息进行简单的比较与计算。

设计意图：引导学生通过本节课所学知识对图中各种图形的个数进行统计，并学会利用统计出来的信息进行简单的比较和计算。

（2）教材第87页第3题。

将统计与比较交给学生，引导学生根据统计结果思考在饮食中我们应该注意什么，进一步提高学生的数学素养。

设计意图：指导学生提取图中已统计好的数学信息，会对图中信息进行比较。提示学生关注饮食，只有注重均衡营养，才能健康成长。

4.小结

通过这节课的学习，你都学到了什么？

5.作业布置

（1）回家后，将你今天所学的数学知识与爸爸、妈妈分享。

（2）将教材第89页第2题填写在书上。

6.板书设计

调查（投票、举手）——记录（1、△、□、√）——对比——选择。

7. 教学反思

《评选吉祥物》是北师大版二年级下册第八单元《调查与记录》中的第一个主题。这是学生第一次接触数据调查的内容。在《课标》中，已经将数据分析观念作为一个核心概念，在第一学段也提出了"经历简单的数据收集和整理过程"。本节教材鼓励学生自主呈现数据整理结果，以突出对数据分析的体验。

其实二年级的学生在生活中已经或多或少有了一些整理数据的经验，但不是很丰富，所以笔者侧重让学生观察他人的做法，了解调查和记录数据的方法，教学方式也以"观察——解释"为主。本课的设计理念——设计贴近学生生活的情境，使学生经历收集数据、整理数据和分析数据的过程，逐步发展应用意识。在本课的教学中，笔者主要设计了三个环节：创设情境，明确任务；经历调查，感悟方法；应用方法，提升经验。

因为我们研究的课题是"问题解决"。所以笔者的思路是先让学生独立想做法，然后再由全班交流做法，最后是体验他人的做法。在尝试用自己的方法整理一组同学的调查结果时，部分学生有了"该怎么记录""我跟不上老师的速度"等困难，这就产生了学生认知上的需要。于是笔者让他们看一看他人的结果来借鉴方法。这里笔者主要结合实际操作帮助他们厘清思路、掌握方法。

环节三的设计笔者做了一个大胆尝试，设计"为运动会准备饮料"这一情境，与课始的"为运动会评选吉祥物"相呼应，形成一个情境串。笔者全面整合教材中的3道习题，让学生从了解调查的必要性到收集数据、记录数据，再到读懂调查结果并据此解决数学问题，最终给出合理的建议。

评析：以上教学片段中，教师注重结合二年级儿童的心理特征和年龄特点，创设了丰富多彩的教学情境，关注孩子们的兴趣态度与合作交流，关注孩子们的数学情感与情绪体验，最大限度地激发孩子们的学习热情和参与情绪，唤起他们的主体意识，引导他们掌握自主探究、学习搜集和整理数据的简单方法，认识了最简单的统计图，经历了用统计方法解决问题的过程。整节课孩子们学得相当主动、积极，兴趣盎然，思维活跃。在这样充满动感的数学学习气氛中，孩子们真正体验到了发现的喜悦和探索的快乐，进一步产生了强烈的求知欲。

再看看六年级下册关于"正、反比例的认识"的教学，该节课正需要借助统计图来认识与学习。由于学生在四年级学习"确定位置"和四、五年级学习统计图时对直角坐标系已有了初步的认识，学生在学习"正、反比例关系"时，就可以把具有这种关系的两个量在直角坐标系中"表示"出来，这实际上就是正比例函数、反比例函数的图像，学生借助形象的图像，可以深入理解抽象的函数关系。例如，直观感知两个量的相依相存关系，当一个量变化，另一个量也随着变化，即一个量增加，另一个量也随着增加，而且这个量的比值（商）一定，那么这两个量就成正比例关系，从图像可以直观地看出两个量同时趋于无穷，它是一个线性增加。当成反比例关系时，一个量变化，另一个量也随着变化，即一个量增加，另一个量反而减少，而且这两个量的乘积一定，根据图像可以直观地看出两个量变化的极限状态，一个量趋于无穷，另一个量趋于零。

北师大版六年级下册"画一画"中，全班同学去看电影，看电影的人数与所付票费见表2、图4所示。

表2　看电影的人数与所付票费表

人数	0	1	2	3	4	5	6	7	8	⋯
票费/元	0	2	4	6	8	10	12	14	16	⋯

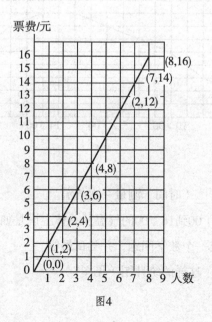

图4

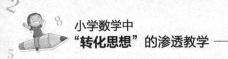

这是正比例图像，是直线图像。我们再看看反比例图像，如图5所示。

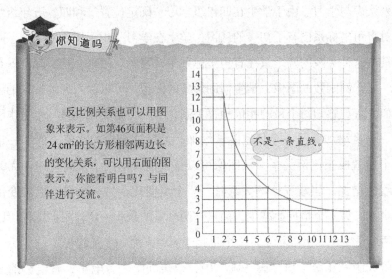

你知道吗

反比例关系也可以用图象来表示。如第46页面积是24 cm²的长方形相邻两边长的变化关系，可以用右面的图表示。你能看明白吗？与同伴进行交流。

不是一条直线。

图5

又如，北师大版四年级下册《栽蒜苗（二）》一课中，笑笑把室内气温的变化画成如图6所示的统计图。

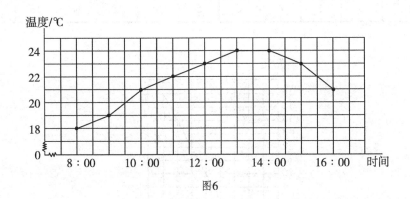

图6

（1）笑笑每隔____（时间）测量一次气温。

（2）这一天从8：00到16：00的气温从总体上说是如何变化的？

（3）请你再提出一个数学问题，并尝试解答。

还有"环境调查"这样的统计图（见图7）。

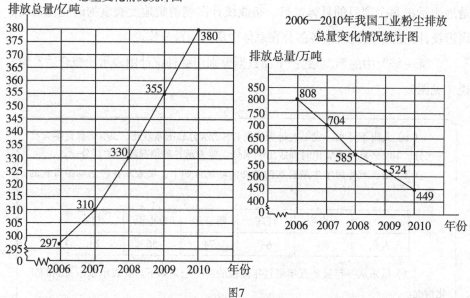

图7

问：你对目前的环境状况满意吗？谈谈自己的理由，并尝试提出一些建议。

另有北师大版六年级下册《统计图的选择》（见图8）中的统计图。

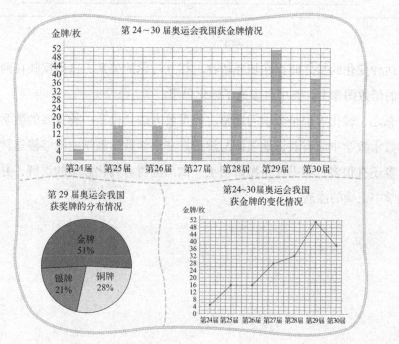

图8

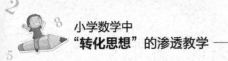
上述三种统计图可以相互转化运用于不同的统计工作中。条形统计图能清楚地表示出每个项目的具体数目。折线统计图能清楚地反映事物的变化情况。扇形统计图能清楚地表示各部分在总体中所占的百分比。

"练一练"中的第2小题：下面数据分别用哪种统计图表示比较合适？说一说（见图9）。

（1）人离不开水，成年人每天体内47%的水分靠喝水获得，39%来自食物含有的水分，14%来自体内氧化时释放出的水分。要表示各种情况所占的百分比。

（2）某校五年级学生最喜欢的课外活动统计如下。要表示各种活动最喜欢的人数。

	看电视	打球	听音乐	看小说	其他
人数	80	68	74	56	23

（3）乐乐从一年级到五年级每年体检的身高记录如下。要表示乐乐身高的变化情况。

年级	一	二	三	四	五
身高/cm	125	129	135	140	150

图9

两种变化的量之间存在相互依存、相互转化的关系，这也反映在两种变化的量的函数图像上，其中也渗透了转化思想。

总之，转化思想是数学问题解决的重要方法，也是一种重要的数学思想，小学数学教学中应有意识地强调与渗透。在小学数学教学中能够渗透转化思想的内容还有很多，本书仅是抛砖引玉，试图澄清对转化思想的误解，并强化其在教学中正确的渗透。

"综合与实践"中渗透转化思想

　　《课标》指出，"积累数学活动经验、培养学生应用意识和创新意识，是数学课程的重要目标，应贯穿整个数学课程之中。'综合与实践'是实现这些目标的重要和有效的载体"。重视激发学生学习数学的兴趣、拓展学生的视野、发展学生综合运用所学知识分析和解决实际问题的能力一直是《课标》的要求，因此，"综合与实践"领域的所有知识形成了"数学好玩"单元。

　　本单元包括两部分内容。第一部分，综合与实践。根据《课标》修订的要求，每学期安排1次综合与实践，有的是课内完成，而大部分需要课内外相结合。第一学段有"议一议""做一做""想一想"的活动过程，第二学段有"活动任务""设计方案""动手实验""交流反思"的活动过程，鼓励学生"从头到尾"思考问题。第二部分，其他内容，包括数学游戏、数学趣题、数学应用题等。根据学生的年龄特征，1~2年级每学期安排1个专题活动，3~6年级每学期安排2个专题活动。

　　史宁中先生认为，基本活动经验是指学生亲自或间接经历了活动过程而获得的经验，即"经验在经历中获得"，强调"经历了并获得了"。学生必须实现"活动的内化"，这样才能实现"经历""经验"的转化。转化思想，即把一个实际问题通过某种转化，归结为一个数学问题，把一个较复杂的问题转化、归结为一个较简单的问题。也就是说，转化方法的基本思想是在解决数学问题时，将待解决的问题通过某种转化过程，归结到一类已经解决或者比较容易解决的问题，然后通过容易问题还原解决复杂的问题。将有待解决或未解决的问题，转化为在已有知识的范围内可解决的问题，是解决数学问题的基本思路和途径之一，是一种重要的数学思想方法。郑毓信先生认为，"由于'经验的局限性'事实上已经成为一种'常识'，我想我们是否应更多地思考如何对经验改造，将经验改造为科学，而不是成为孩子们创新思维的绊脚石。所以我认为数学教育绝不应被理解成经验的简单积累，而应更加强调数学转化思维"。下面笔者结合课例谈谈小学数学"综合与实践"领域转化思想的渗透教学。

一、活动"经历"的转化

《课标》指出，"数学教学根据具体的教学内容，注意使学生在获得间接经验的同时，也能够有机会获得直接经验"。虽然隐性的数学活动经验是抽象的，但教师可以根据其特征，从设计组织好每一个数学活动入手，引导学生积极主动地参与数学活动，经历"做"数学和思考的过程，体验数学活动的每一个环节，以获得不同活动阶段的经验内容，促使学生转化思维的形成。

史宁中先生认为基本活动经验是指学生亲自或间接经历了活动过程而获得的经验。设计组织好每一个数学活动，需要以学生的经验为起点，激发学生的活动动机，促使他们积极主动地参与数学活动，教师要给学生提供较为充足的时间和空间，引导他们经历参与、交流、内化、反思等数学活动的全过程，不断丰富和提升数学转化经验。同时，要在以问题为载体、以学生自主参与为主的数学活动中，通过问题或任务引领学生全程参与相对完整的实践过程，展现转化过程，积累转化经验，激发创造潜能。

例如，教学北师大版二年级下册《重复的奥妙》一课，现叙述如下。

1. 创设情境，探究新知

（1）比比记忆力。教师出示苹果、梨的摆放图片。

男生和女生比赛，派代表说说刚才图中的苹果、梨的摆放顺序。女生的苹果、梨摆放是有规律的，男生的苹果、梨摆放是杂乱的。

（2）出示主题图，让学生用语言描述看到的现象（课件演示，学生说到哪儿，教师点到哪儿放大），如图1所示。

图1

引入：六一儿童节就要到了，小朋友们张灯结彩开始布置会场。请看，会场漂亮吗？师：请仔细观察，你从图中发现了哪些规律？（课件演示：学生说，教师点）

灯笼是一个大一个小的排列顺序（见图2）。

图2

彩旗是两面红色（方旗）一面蓝色（三角旗）的排列顺序（见图3）。

图3

小朋友们是一名女生一名男生的排列顺序（见图4）。

图4

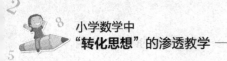

气球是一圈红色和两圈黄色的排列顺序（见图5）。

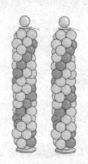

图5

花坛是一红色、一蓝色、一黄色的排列顺序（见图6）。

图6

花是两绿色两红色的排列顺序（见图7）。

图7

（3）表示灯笼的规律。

师：同学们真能干，找到了这么多规律，我们先来仔细看看灯笼的规律。（出示要求：灯笼的规律是什么？用你自己喜欢的方式表示出来。）我刚才发现有几位同学表示得特别有意思，来看看他们是怎样表示的吧。（学生汇报：图画、文字、图形、符号、数字、字母……）

（4）小结。

你们看，竟然有这么多方式表示灯笼排列的规律，一排简单的灯笼里面藏着那么多奥秘。接下来我们玩一个更有意思的游戏——"我说你猜"。

淘气用这个方式"√√××√√××"——表示图中规律。

师：你猜到他表示哪个物品的规律了吗？还有不同想法吗？（怎样表示的？）

师：你们看一种表达方式既可以表示花盆的规律，也可以表示花朵的规律。

"112 112 112"——同意他的猜想吗？同一个表示方法为什么既能表示气球的规律，又能表示彩旗的规律呢？虽然气球和彩旗是不同的事物，但规律是一样的，我们就能用同一种方式来表示。

（省略号：淘气、笑笑为什么加省略号？它表示什么呢？像这样写下去，还没写完）

小结：游戏之后有收获，回看一下，我们在表示这些规律时用到了哪些方式？（画图、文字、符号、数字……）

有了这么多表达方式，我们寻找和发现规律就更方便了！

2. 概括规律，升华认识

（1）师：刚才我们从图中找出了好多规律，这些规律的共同点是什么？

（2）小结：孩子们的观察真清楚，准确地找到了这些规律的共同点。同样的东西在后面再次出现，在数学上我们用"重复"一词来概括，刚才我们一起研究了重复的"奥秘"。

认一认：重复（再重复一遍）。

你明白这里的"重复"是什么意思吗？结合图中例子给大家讲讲什么是"重复"。（一定要讲清前面一组与后面一组要一模一样，这样排才叫"重复"。）

（3）师：按照重复的规律继续摆花，下一盆应该是什么颜色？再下一盆应该是什么颜色？

师：继续插小旗，下一个应该插哪一种？大风把小旗吹走了，谁能把小旗送回家（再补插）？看来，这下我们是把重复的规律认清楚、搞明白了！

师：用你学到的"重复"来判断在会场门口挂的一排灯笼。请你认真看一看，灯笼这样排列的规律是"重复"吗？

3. 寻找身边的规律，联系生活实际，在生活中寻找美

师：在我们的生活中有许许多多像这样重复的现象，如星期、打节拍、衣服上的图案等。你能举一些生活中重复的例子吗？

学生举例（声音、动作也是可以重复的）。

小结：生活中到处都可以看到有重复规律的东西，也正因为有了各种各样的重复规律，我们的生活才变得这么美！这就是"重复"的奥妙！（板书）

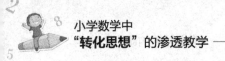

4. 练习

（1）解决实际问题。

师：（解决+创造："六一庆祝"板报）老师刚贴了2个就走了，剩下的10个请你们补充设计，利用重复的规律。（小组内把方法汇总）

（2）我们也来设计（小组合作）。

师：学了这节课，你想不想自己创作重复的现象呢？你可以唱一唱、演一演、画一画，尽情发挥你的想象。可以选用老师提供的素材，也可以自己找素材，以自己喜欢的方式来表现重复的现象。

（3）拓展练习。

5. 分享学习经验，动手做一做

师：同学们，今天你们学得开心吗？今天的课，你最喜欢哪一部分？（指着不同部分由学生回答。）你觉得好玩吗？（学生回答数学真好玩）

评析：由于教师精心设计了逐步递进的问题，有效地激活了学生的数学思维，学生在探索"重复的奥妙"的过程中，不仅理解了重复的秘密和方法，而且领悟了探究问题的艰辛和快乐，获得了较为丰富的数学活动经验。

二、活动"经验"的转化

数学活动经验的积累是一个循序渐进的过程。学生在数学活动中的自我反思，对于提升和丰富数学活动经验是十分必要的。因此，在课堂教学中，教师要组织学生对参与的数学活动进行讨论与总结，引导学生回顾自己的思维过程，反思自己是怎样发现与解决问题的，运用了哪些基本的思考方法，使学生从中提升并丰富数学转化经验。

例如，教学北师大版四年级上册《数图形的学问》时，由于在二年级时学习过"重复的奥妙"这节课，有了一定的经历体验，所以学生在这节课知道如何做到不重复、不遗漏。

1. 教授新知

课前：教师与学生玩游戏——握手（引出有序思想）。

师：同学们，我们通过刚才的握手游戏知道平时的生活中就存在一些数学知识，那么你们想研究一下"数图形的学问"吗？（想）

（1）（出示课题）森林里有一只小鼹鼠遇到了一些数学问题不会解决，想请你们帮忙，你们愿意吗？（见图8）

● 鼹鼠钻洞。

任选一个洞口进入，向前走，再任选一个洞口钻出来。

图8

（出示主题图）同学们，请仔细观察，你能从图中提出哪些数学问题？（示例：一共有多少条不同的路线？）你能用自己的方法画出洞口吗？请同学们拿出作业纸，自己画一画。

（2）（展示学生画的图）画圆圈是不是很麻烦（见图9），能不能用更好的方法来表示洞口呢？（用点）点与点之间该怎么办呢？（连接起来）

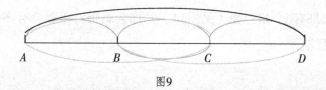

图9

师：同学们，你发现没有？这些点都是一样的，用什么区分呢？（给这些点标上字母）你们真棒！不知不觉中画出了线段图（见图9）。

（3）拿出作业纸，画一画，数一数：一共有多少条不同的路线？

（小组内合作完成，反馈学生完成情况）谁能说一说自己是怎么数的？

（引出两种数法：一是按起点不同数；二是按线段长短不同数）

（4）同学们，该怎么数不会数乱呢？（按照顺序数）

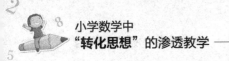

那么有序的数有什么好处呢？（不重复、不遗漏）回答得真好！

师：你能用一个算式表示出来吗？

师：同学们，我们已经帮助小鼹鼠解决了问题，它想带我们到它的菜地去旅行，你们想去吗？（出示第二个主题图，见图10）

○ 菜地旅行。

图10

（5）仔细观察，有几个站台？你能数出单程需要多少种不同的车票吗？该怎么数呢？

请拿出作业纸，画一画线段图，有序地数一数。（反馈学生数的情况）谁能说一说是怎么数的吗？

（6）如果有6个站台呢（见图11）？你会画吗？单程会有多少种不同的车票呢？（反馈）

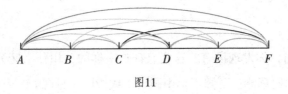

图11

（7）如果有7个站台，你能算出单程会有多少种不同的车票吗？8个站台呢？仔细观察，你有什么发现？小组内交流一下。

5个站台时，车票种数为：4＋3＋2＋1＝10（种）

6个站台时，车票种数为：5＋4＋3＋2＋1＝15（种）

7个站台时，车票种数为：6＋5＋4＋3＋2＋1＝21（种）

8个站台时，车票种数为：7＋6＋5＋4＋3＋2＋1＝28（种）

小结：票数＝（站台数–1）＋（站数–2）＋…＋1

2. 巩固新知

（1）试一试自己的本领。（学生试着解决）

（2）闯关练习。

第一关：数角。（学生独立完成）

第二关：数长方形。（学生独立完成）

第三关：数有几个平行四边形。（让学生试着用算式计算出来）

（3）拓展与延伸。

师：同学们，我们是一个相亲相爱的班级，加上数学老师一共有31位成员，如果每2人握一次手，请同学们算一算一共要握多少次。

3. 总结

同学们，你在这节课的学习中有什么收获？有谁还有什么疑惑吗？

评析：本节课利用与同学握手的形式，给学生渗透"有序、不重复"的思想；然后通过多媒体的演示与学生的动手操作等活动展开教学。学生感受到数图形中也存在着规律，学生能够利用所学到的规律解决生活中遇到的类似问题。

教师通过唤醒学生过去所学的知识，做到了让学生经历有序、不重复、不遗漏的过程，提升了学生的实践操作经验，同时提升了学生类似的实践活动经验。值得一提的是，越是复杂的数学活动越需要积极的情感意志相伴，这种体验性成分也是学生基本活动经验不可或缺的组成部分，它对于良好人格的塑造具有不可替代的作用。当学生在活动结束后反思解决问题的整个过程时，除了对思考的经验、探究的经验以及具体操作经验有所感悟外，成功或失败的情绪体验也能逐渐凝聚为其情绪特征的一部分，并获得发展。因而，积累学生基本数学活动经验，感性认识、情绪体验及应用意识缺一不可。只有活动经验均衡发展，才有可能实现学生的全面发展。

郑毓信先生认为，"由于（感性）经验具有明显的局限性，因此，应认真地去思考：在强调帮助学生获得'基本活动经验'的同时，教学中是否也应清楚地指明经验的局限性，从而帮助学生很好地认识超越经验的必要性？当然，如果将思维活动也包括在内，就应进一步去思考数学思维活动经验是否也有其一定的局限性……由于'经验的局限性'事实上已经成为一种'常识'，我想我们是否应更多地思考如何对经验进行改造，将经验改造为科学，而不是成为孩子们创新思维的绊脚石"。所以笔者认为数学教育绝不应被理解成经验的简单积累，而应更加强调数学思维由较低层次向更高层次的发展，以"经验"锻造"数学精神"，培养转化思维能力。

深圳市宝安区西乡小学蔡传慧老师曾经写过一篇文章——《在课堂为孩子搭建想象和创造的舞台——以北师大版六年级上册〈看图找关系〉为例》。文中阐述了其对听过的两节"同课异构"课的观点，以及所引起的思考！

最近听了两节五年级上册中《看图找关系》的教研课，引起我对教学的反思。我们的课堂重点该关注什么？又该怎样去实施？

案例1开课片段：

创设情境——做"比比你的听力；比比你的观察力"的游戏。首先让学生听一段汽车从启动、行驶到减速停止的声音。然后让学生观看一辆大巴从启动、行驶到停止的画面。这是从声音和画面两种不同的角度来描述事件发生的情形。很好的开头，接下来会怎样呢？上课教师出示了课本上的例题（见图12）。

问题1：你从图中看到了什么？在学生说出"时间、速度"等信息的基础上，讲授横轴表示时间，纵轴表示速度。由图中的折线可看出：在第0～1分钟时间段，速度从0变到400米/秒；在第1～3分钟时间段，速度保持不变；在第3～4分钟时间段，速度在减少。在这个过程中教师亦步亦趋地按教材中的编写内容落实教学。

听到这里笔者真觉得遗憾。多么好的一个情境，如果在比听力的游戏后，让学生猜刚才听到了什么，接下来做比观察力的游戏——观看汽车运动画面验证猜想，让学生说说刚才看到的所发生的事件。然后设置问题："你能用数学的方式描述这件事吗？"这时，学生肯定会想一系列的办法来解决问题。在学生遇到这样或那样的问题后，我们可以引导：图表的方式怎样？你会怎样设计图表？图表中需要哪些数量？我们共同来设计图表怎样？这样的课堂设计，是不是更有利于培养学生的创造力、想象力？

下面是小明画的1路公共汽车从解放路站到商场站之间行驶的时间和速度的关系图。

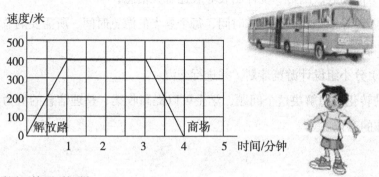

看图回答下列问题。

（1）公共汽车从解放路站到商场站之间共行驶了____分钟。

（2）在第1分钟内，汽车行驶速度从0提高到____米/分钟。

（3）从第____分钟到第____分钟，汽车行驶速度在增加。

（4）从第____分钟到第____分钟，汽车行驶速度在减小。

（5）从第____分钟到第____分钟，汽车行驶速度保持不变，是____米/分钟。

图12

案例2开课片段：

先是让学生观看一组动态图表图片，了解图表在生活中的广泛应用。接下来如第一位教师一样出示课本上的例题，如出一辙地讲授新课。

纵观这两节课，教师确实能高效地传授知识，但是学生学习的主动性却未能落到实处。因而，落实教改势在必行。

在《课标》中，"实践与综合应用"的总要求是：帮助学生综合运用已有的知识经验，经过自主探索和合作交流，解决与生活经验密切联系的、具有一定挑战性和综合性的问题，以发展解决问题的能力，加深对"数与代数""图形与几何""统计与概率"内容的理解，体会各部分内容之间的联系。

例如，某班要去当地三个景点游览，时间为8：00—16：00。请你设计一个游览计划，包括时间安排、费用、路线等。学生在解决这个问题的过程中，将从事以下活动：

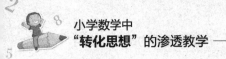

（1）了解相关信息，包括路线及乘车所需时间、车型与租车费用、同学喜爱的食品和游览时需要的物品，等等；

（2）借助数、图形、统计图表等表述有关信息；

（3）计算乘车所需要的总时间、每个景点的游览时间、所需要的总费用、每个同学需要交的费用等；

（4）分小组设计游览计划，并进行交流。

借助转化思想解决这个问题，学生可以提高收集、整理信息的能力，养成与人合作的意识。

转化思想的渗透特征

一、渗透的等价性

教师在引导学生运用转化思想进行学习时，一要引导学生思考是由"谁"向"谁"转化，为什么要实施这样的转化；二要保证转化前后的"等价"。如在利用转化思想学习平行四边形的面积时，要使学生明确为什么要将其转化成长方形？为什么不转化成三角形等其他图形？转化成的长方形面积和原平行四边形面积是否相等？又如学习"除数是小数"的除法时，教师要引导学生思考：为什么要把除数转化成整数？除数化成整数后被除数应做什么变化？为什么？变化的根据是什么？变化后的商和原来要求的除法的商是否"等价"？为什么？

二、渗透的自觉性

在小学数学教学中，随时可以挖掘到渗透转化思想的知识点，只要我们不失时机地引导学生领悟这些知识是怎样总结出来的，掌握它们的来龙去脉，就可以使学生对转化思想有真正的理解，而且印象深刻。

如数学概念、法则、公式、性质等知识都明显地写在教材中，是有"形"的；而转化思想却隐含在数学知识体系里，是无"形"的，并且不成体系地散见于教材各个章节中。教师讲不讲、讲多讲少，随意性较大，且常常因教学时间紧而将它作为一个"软任务"挤掉，对于学生的要求则是能领会多少算多少。因此，作为教师首先要更新观念，从思想上不断提高对渗透转化思想重要性的认识，把掌握数学知识和渗透转化思想同时纳入教学目的，把转化思想教学的要求融入备课环节。其次，要深入钻研教材，努力挖掘教材中可以进行转化思想渗透的各种因素。对于每一章、每一节，都要考虑如何结合具体内容进行转化思想渗透；怎么渗透，渗透到什么程度，应有一个总体设计，提出不同阶段的具体教学要求。例如学生写出几个商是2的除法算式，通过观察可以归纳出被除数、除数和商之间的关系，大胆猜想出商不变的规律：可能是被除数和除数同时乘以或除以同一个数（零除外），商不变；也可能是同时加上或减去同一个数，商不变。到底何种猜想为真？学生带着问题运用不完全归纳法举例验证自己的猜想，最终得到了"商不变规律"。所以学生获得"商不变规律"的过程，就是一个归纳、猜想、验证的体验过程。而学生一旦感悟到这种思想，就会联想到加减法和乘法是否也存在类似的规律，从而把探究过程延续到课外。

三、渗透的可行性

转化思想的渗透必须通过具体的教学过程加以实现。因此，必须把握好教学过程中进行转化思想渗透的契机——概念形成的过程、结论推导的过程、方法思考的过程、思路探索的过程、规律揭示的过程等。同时，进行转化思想的渗透要注意有机结合、自然渗透，要有意识地、潜移默化地启发学生领悟蕴含于数学知识之中的转化思想，切忌生搬硬套、和盘托出、脱离实际等适得其反的做法。因为，转化思想并不是将其从外部注入数学知识的教学之中。它是与数学知识的发生发展和解决问题的过程联系在一起的内部之物。它相对于教材而言，是隐性工程；对于学生而言，则是通俗而又抽象的领域。与学生生活阅历相当或是通俗易懂的则可以渗透，如果超乎学生生活经验和理解力时则高不可攀，没有渗透的必要和条件。所以，在小学数学教学中，要注意渗透的可行性。例如，在组织学习"两位数加两位数"时，要体现转化思想的孕育期。学生计算"24+13"一般有"（20+10）+（4+3）、24+10+3、20+4+13"等方法，从中看出学生已经有将复杂问题转化为简单问题的意识。在进行两位数乘除法的教学中，教师要逐步引导学生对此有较清晰的认识；在教学平行四边形面积公式的推导中，教师应启发学生自觉运用转化思想去确立学习新知的方法，如平行四边形的面积可以通过分割、平移，转化为长方形的面积。这样，将表面无序的各个渗透点便整合成了一个整体。

此外，还要引导学生主动运用转化思想，通过提出问题，进行猜想、探究、验证、反思和评价的学习过程，利用现有教材经历知识形成的过程；引导学生运用已有的知识和已掌握的转化思想，给学生提供足够的材料和时间，让学生进行分析、概括、对比、联系、综合等思维训练，启发学生积极思维，使学生在认识层次上得到极大的提高，逐步养成思考的好习惯，反复练习，深入领悟转化思想的魅力。

四、渗透的反复性

小学生对转化思想的领会和掌握有一个"从具体到抽象，从感性到理性"的认知过程，在反复渗透和应用中才能增进理解。它是在启发学生思维过程中逐步积累和形成的。为此，在教学中，首先要特别强调解决问题以后的"反思"。因为在这个过程中提炼出转化思想，对学生来说才是易于体会、易于接受的。如通过分数和百分数应用题有规律地对比板演，指导学生小结解答这类应用题的关键，找到具体数量的对应分率，从而使学生自己体验到转化思想中的"一一对应"和"类比"方式。其次，要注意渗透的长期性。转化思想的渗透不是一朝一夕就能见到学生数学能力提高的，而是要有一个过程。转化思想的渗透必须经过循序渐进和反复训练，才能使学生真正有所领悟。又如教学"正数和负数"一课时，教师创造情境："小张戴着帽子、围巾，穿着厚厚的羽绒服，正在雪地里艰难地行走，大片大片的雪花不时地落在他身上。"（停留数秒，让学生感受）问："如果你是天气预报员，请问此时此刻的温度是多少？"学生回答，"零度以下10摄氏度""零下15摄氏度"……

虽然"天气预报员"的误差较大，但用了"零度以下"或"零下"的字眼，这就比较自然地引出负数的概念。如此引入，给学生以新奇之感，以"趣"导航，把僵化的课堂教学变成充满活力的学习乐园。

例如，在教学圆的面积的计算时，第一步教师可以引导学生回顾以前学习过的平行四边形、三角形、梯形面积计算的推导过程，让学生思考这些图形的面积计算方法我们是怎么推导出来的；第二步教师可引导学生猜想今天所学习的圆能否也转化为以前学过的图形来推导面积计算公式，学生在旧知的推动下积极地思考如何转化；第三步教师引导学生操作并思考，可以将圆转化为什么图形，怎么转化，可以让学生小组合作研究，用剪一剪、拼一拼的方法。之后可让学生交流共同讨论得出的结论：将圆分割成若干等份，拼成近似的长方形，由圆的半径与面积的关系转化为长方形的长宽与面积的关系，由长方形的面积公式，推导出圆的面积公式。这里，将长方形的面积公式转化为圆的面积公式。之后在六年级下学期学习圆柱的体积计算时，学生也能很快悟到立体图形之间的联系，感悟到圆柱体积的计算公式。

教材在转化思想的编排上是按照知识学习的先后顺序，逐步提高探索的难度和要求的。由最先开始学习的长方形，到后来的平行四边形、三角形、梯形，再到后来的曲线图形圆，以及立体图形圆柱，等等，在这一循序渐进的过程中，学生一点一点地理解和掌握直至最后灵活运用。由此可见，转化思想是一根无形的线，可以将这些知识串联起来，是学生探究新知的重要策略之一。

五、渗透的持久性

小学生运用转化思想，不能靠一节课的渗透就能解决，而要靠在后续教学中，持之以恒地不断渗透和训练。这种渗透和训练不仅表现在新知学习中，而且表现在日常练习中，因此要注意渗透和训练，使学生养成一种习惯，当要学习新知识时，先想一想能不能转化成已学过的旧知识来解决，怎样沟通新旧知识的联系；当遇到复杂问题时，先想一想，能不能转化成简单问题，能不能把抽象的内容转化成具体的、能感知的现实情境（或图形）。如果做到这些，学生理解、处理新知识和复杂问题的兴趣和能力就会大大提高，对某个数学思想的认识也会趋向成熟。

转化思想有一个从模糊到清晰、从未成形到成形，再到成熟的过程。在教学中，转化思想何时深藏不露，何时显山露水，应审时度势，随机应变。一般而言，在低中年级的新授课中，以探究知识、解决问题为明线，以转化思想为暗线。但在知识应用、课堂小结或阶段复习时，根据需要，应对数学思想方法进行归纳和概括。小学高年级学生对转化思想已有了一定的领悟，可以直呼其名。如在学习"除数是小数的除法"时，先让学生尝试计算"5.1÷0.3"，不少学生一时想不出办法，此时笔者提示，如果除数是整数能算吗？学生顿时恍然大悟，发现可以利用"商不变性质"，将"除数是小数的除法"转化为"除数是整数的除法"来解决。于是我即刻板书"转化",开门见山地让学生知道运用"转化"思想可以将有待解决的问题归结到已经解决的问题。

实践表明,以上渗透的特征是一个密切联系的有机整体,它们之间相互影响、相互促进。在教学中应抓住契机,适时地挖掘和提炼,促使学生去体验、运用思想方法,建立良好的认知结构和完善的能力结构。

转化思想的渗透途径

一、备课时挖掘转化思想

建构主义观点认为，学生不是一张白纸，不是空着脑袋走进课堂的。教师应抓住新旧知识之间的联结点，创设情境，让学生初步感悟数学的思想方法，为学生搭建有意建构的桥梁，让学生运用转化类比的数学思想方法进行合理的正迁移。

"凡事预则立，不预则废。"如果课前教师对哪些教材内容是适合渗透转化思想的一无所知，那么课堂教学就不可能有的放矢。受篇幅的限制，教材内容较多显示的是数学结论，对数学结论里面所隐含的转化思想以及数学思维活动的过程并没有明显地显示。因此教师在备课时，不应只看到直接写在教材上的数学基础知识与技能，而是要进一步钻研教材，创造性地使用教材，挖掘隐含在教材中的转化思想，并设计相应的数学活动将其落实在教学预设的各个环节中，实现"双基教学"的明线和"基本数学思想方法、基本活动经验"的暗线同时延展。为此，教师在研读教材时，要多问自己几个为什么，将教材的编排意图内化为自己的教学思想。如怎样让学生经历知识的产生与发展过程？怎样才能唤起学生进行深层次的思考？如何激发学生主动参与探究新知识的活动？如何依据教材适时地渗透转化思想，等等。教师只有做到胸有成竹，方能有的放矢。比如学乘法时，乘法口诀总是要背的。三七二十一的下一句是四七二十八，如果背了上句忘了下句，可以想21+7=28，就想起来了。这样用理解帮助记忆，用算加法帮助算乘法，实质上包含了变量和函数的思想：3变成4，对应的21就变成了28。这里不是把3和4看成孤立的两个数，而是看成一个变量先后取到的两个值。想法虽然简单，小学生往往想不到，要靠老师指点。

挖掘九九乘法表里的规律，把枯燥的死记硬背变成有趣的思考。这不仅是在教给学生学习方法，也是在渗透变量和函数的数学思想。

因此，笔者认为，作为一名数学教师首先要更新观念，从思想上不断提高对渗透转化思想的重要性的认识，把掌握数学知识和渗透转化思想同时纳入教学目标，把转化思想的要求融入备课环节。其次，要深入钻研教材，努力挖掘教材中可以进行转化思想渗透的各种因素。例如，我在课前，首先把一至六年级的十二册教材全部搜集齐全。从例题到练习题逐一进行认真的分析，深入研究，根据具体内容及情境图，把蕴含在教材中的无"形"的线索即"转化思想"挖掘出来。

二、上课时渗透转化思想

数学是知识与思想方法的有机结合，没有不包含转化思想的数学知识，也没有游离于数学知识方法之外的转化思想，这就要求教师在课堂教学中，在提示数学知识的形成过程中渗透转化思想，在教给学生数学知识的同时，也使学生获得转化思想上的点化。这体现了教师在教学中的大智慧，也为学生的学习开辟了一片广阔的新天地。不同的教学内容、不同的课型，可据其不同的特点，恰当地渗透转化思想。以下面三种课型为例。

1. 新授课：探索知识的发生与形成，渗透转化思想

数学知识发生、形成、发展的过程也是转化思想产生、应用的过程。在此过程中，应向学生提供丰富的、典型的、正确的直观背景材料，采取"问题情境——建立模型——解释、应用与拓展"的模式，让学生进行实际问题的研究，了解数学知识产生的背景，再现数学形成的过程，揭示知识发展的前景，渗透转化思想，发展思维能力，使学生在掌握数学知识技能的同时，在学习数学概念、公式等的活动中，深入数学的"灵魂深处"，真正领略数学的精髓——转化思想。比如在教学交换律和结合律时，教师先出示"朝三暮四"的成语动画，将加法交换律的概念潜藏在有趣的成语故事中。在学生初步感知其内涵后，根据数学建模的思想引导学生用数学算式表示这个成语故事，即$3+4=4+3$。学生根据已有的知识经验，又列举出了$12+56=56+12$、$359+210=210+359$……"看来这样的例子太多了，如果我们用字母a，b分别表示两个

加数，那么加法交换律用字母怎样表示？"在学生用字母表示运算定律的过程当中自然渗透了归纳的思想和符号化的思想。又如在"探索活动：三角形的面积"一课中，教师给学生提供了各种各样的三角形学具，先放手让学生在小组合作中尝试把三角形转化成已学过的图形，学生从上一节课"平行四边形的面积"的推导过程入手，借助学具看一看、拼一拼、剪一剪寻找其转化方法，利用等积变形，形积同变的特征，抽象出共性，在比较中将三角形的面积计算方法推导出来。这样的教学，学生经历了三角形的拼、剪过程，渗透了转化思想，丰富了转化思想活动的转化经验，形成转化的意识与转化策略，发展了思维能力（见图1）。

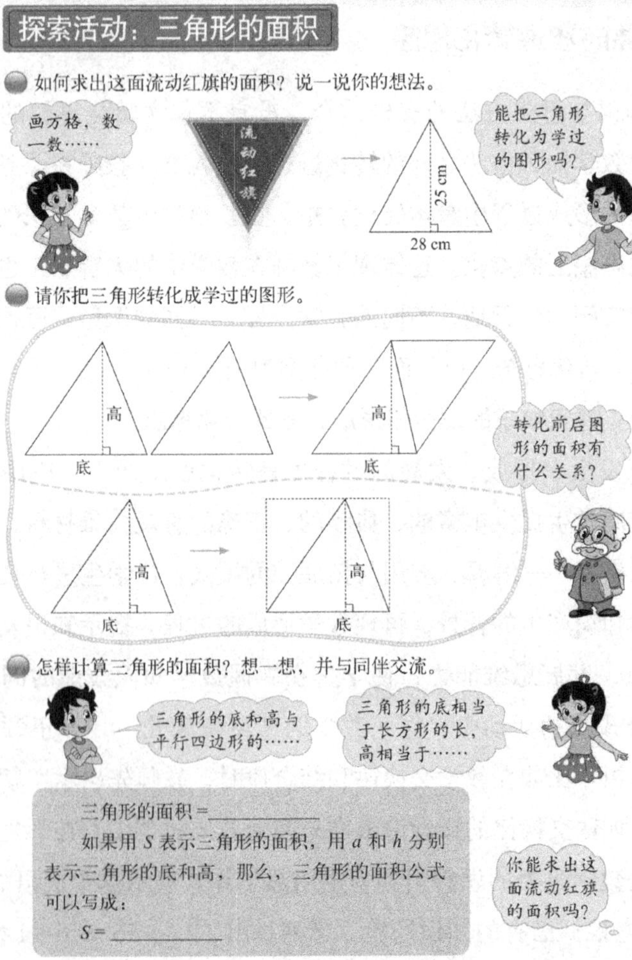

图1

2. 练习课：经历知识的巩固与应用，渗透转化思想

数学知识的巩固、技能的形成、智力的开发、能力的培养、经验的积累等，需要适量的练习才能实现。练习课的练习不同于新授课的练习。新授课的练习主要是为了巩固刚学过的知识，习题侧重知识方面；而练习课的练习则是为了在形成技能的基础上向能力转化，提高学生运用知识解决实际问题的能力，发展学生的思维能力。因此，教师在练习课的教学中不仅要有具体知识、技能训练的要求，而且要有明确的转化思想要求。例如，在二年级上册《买球——8和9的乘法口诀》的练习课中，在完成想一想、算一算的练习中，先让学生计算，再交流自己的算法。以"$9 \times 4 + 9$"为例，借助图片用课件演示的方法让学生理解式子的意义，运用转化思想启发学生将式子转化为"9×5"来计算，渗透变换的思想，让学生懂得两个式子形式不同，表示的意义及结果却是相同的。如笔者在教学北师大版四年级上册《商不变的规律》一课时，学生计算"$400 \div 25$"主要采用了以下几种方法：①竖式计算；②$400 \div 25 = （400 \times 4） \div （25 \times 4）$；③$400 \div 25 = 400 \div 5 \div 5$；④$400 \div 25 = 4 \times （100 \div 25）$；⑤$400 \div 25 = 400 \div 100 \times 4$；⑥$400 \div 25 = 100 \div 25 + 100 \div 25 + 100 \div 25 + 100 \div 25$。在学生陈述了各自的运算依据后，引导学生比较上述方法的异同，结果发现方法①是通法，方法②~⑥是巧法。方法②~⑥虽各有千秋，方法③、④、⑥运用了数的分拆，方法②属等值变换，方法⑤类似于估算中的"补偿"策略，但殊途同归，都是抓住数据特点，运用学过的运算定律、性质转化为容易计算的问题。让学生对各种方法评价与反思，就是让学生去深究方法背后的数学思想，从而获得对数学知识和方法本质的把握。

《课标》倡导的"算法多样化"的教学理念，就是让学生在经历算法多样化的学习过程中，通过对算法的归纳与优化，深究其背后的数学思想，最终能灵活运用数学思想方法解决问题，让数学思想方法逐步深入人心，内化为学生的数学素养。因此，我们要在练习的活动过程中不断地总结和探索，从中寻找共性，呈现给孩子最有价值、最本质的东西——转化思想。

3. 复习课：学会知识的整理与复习，强化转化思想

复习有别于新知识的教学，它是在学生基本掌握了一定的数学知识体系、具备了一定的解题经验、基本认识了某些转化思想的基础上的教学。转化思想总是隐含在数学知识中，它与具体的数学知识结合成一个有机整体，但它却无法像数学知识那样编为章节来教学，而是渗透在全部的小学数学知识中。不同章节的数学知识往往蕴含不同的转化思想。因此教师在上复习课前，要能总体把握教材，明确前后知识间的联系，做到"瞻前顾后"，并能把转化思想的渗透落实到教学计划中。复习时，除了帮助学生掌握好知识与技能、形成良好的认知结构外，还必须加强转化思想的渗透，适时地对其进行揭示、概括和强化，对它的名称、内容及运用等予以点拨，使学生把握知识的本质和内在的规律，逐步体会转化思想的价值。如在复习多边形的面积的推导时，教师可引导学生思考，平行四边形、三角形、梯形的面积计算公式各是怎样推导的？有什么共同点？让学生提炼概括：学习平行四边形面积计算时，应用割补法把它转化成学过的长方形来推导；学习三角形和梯形的面积计算时，应用两个完全相同的图形来拼合或把一个图形割补转化成学过的图形来推导……经过系列概括提炼、归纳总结得出其中重要的思想方法——转化思想。学生一旦掌握了转化思想，不仅能使学生的知识结构更完善，还特别有助于今后的学习和运用。因为掌握了转化思想，学生面对新问题时就懂得怎样去思考，真正实现质的飞跃。

三、布置作业时应用转化思想

精心设计作业也是渗透转化思想的一条途径。细致的作业设计、有效的练习方式，既巩固了知识技能，又有机地渗透了转化思想，一举两得。为此教师布置作业要有讲究；在学生做作业后，要不失时机地进行点评。教师不仅要给出答案，更重要的是要启发学生思考：是怎样算的？是怎么想的？其中运用了什么思想方法？获得了哪些解题的技巧和经验？结合题目引导学生概括出其中的思想与方法，这样学生不仅巩固了所学知识、习题解题技能，更重要的是能悟出其中的数学规律。

"学以致用"指明了我们教学的根本目的，因此数学作业的设计必须架起"学"与"用"之间的桥梁，在作业环节上培养小学生数学知识的应用能力，促进学生数学思想活动经验的积累。所以，数学作业还可以尝试以下一些形式。

1. 创作"数学绘画"，培养学生探究、概括和表达能力，丰富数学活动经验的积累

开展数学绘画的创作是课堂教学的延伸和深化，可让学生在课内产生的学习习惯、猜想、奇思妙想、疑惑变为课外研究的起点（见图2、图3）。苏霍姆林斯基说过："正是这种所有发现的快乐，正是这种靠自己努力完成作业的快乐，乃是人的自尊感的源泉。"数学绘画的创作对培养学生的学习兴趣，勇于探索创新、求真务实的学习精神和乐于表达的课堂态度有很大益处，有利于提高学生的数学素养；同时，让数学与艺术思维的发展相结合，有利于促进学科综合的发展。

图2

图3

2. 编制"数学手抄报"，培养学生综合应用数学知识能力，强化转化思想的渗透

编制小报集知识性、美观性、综合性、趣味性为一体，是学生生活中喜闻乐见的一种实践活动和宣传交流手段。在数学课堂教学中，学生在大量体验、感悟的基础上已有了一定的倾吐愿望，将这些愿望和兴趣通过综合性较强的小报编制，让学生得以表达，是学生创造美、展示自己素养和巩固深化课内数学知识的一条有效途径。在教学一段时间，及时和美术老师商量，指导学生运用自己所学的数学知识编制生活数学小报，进行展示和评比，极大激发了学生生活中学习、探究数学问题、渗透转化思想、展示数学活动经验的热情（见图4）。

图4

3. 撰写"数学故事"，培养学生数学表达、思考能力，增强转化思想的渗透

"数学故事"是一座沟通生活与数学的桥梁。学生将学到的、看到的、想到的以"数学故事"的形式描述下来，可以扩大学生的视野，成为孕育知识的摇篮。通过撰写"数学故事"，可以让学生更好地感受生活中的数学，理解数学在生活中的运用，让学生学会从数学的角度观察和体验生活，激发学生用数学的眼光看待社会的兴趣，培养学生的"数感"，进而激发学生热爱数学、学好数学，为他们的可持续发展奠定基础。

国王嫁女儿

西乡小学 五（2）班　王菲菲

在一个神秘的地方，有一个奇怪的王国，叫作"数学王国"。那里住着许许多多奇怪的符号和数字，当然，也有一个国王。但是他最近好像有一点忙。

彩旗招展、锣鼓声震天。"今天是我——数学国王嫁女儿的日子。"国王说。貌美如花的数字公主身穿白色连衣裙从皇宫里走了出来。数学国王又说："谁能答出我出的题，我这宝贝女儿就归谁。"来凑热闹的群众纷纷讨论起来，十分钟过去了，谁也不敢上去。国王见状，说："既然没有人敢应战，那小女就不嫁了。"突然，一位长得普通的数字站了上去。

"我愿回答国王的问题。"那位数字说。"敢问先生何名？"国王问。"1。""那好，'1'先生，我有两个问题问你，如果你全部答对，我这美丽的女儿就归你了。第一题，请问，你知道一个立方米将军等于多少个平方米王子么？"只听台下说出了各种各样的答案。"1000！""才不是，是100！""可我认为是10。"国王大叫了一声："安静！听他讲！"全场一片寂静。"1"先生笑了笑，说："国王，我做不出来。""什么，做不出来？那你还来参赛？""1"先生又说："不不，是国王您出的题不合理。""哪儿不合理？"国王假装不解地说。"1"先生说："国王，立方和平方是不可以相比的，因为他们两个是不同的职位。就像男性不可以和女性公平竞争一样，所以这道题不合理。"国王露出了微笑。

"第一题勉强算你过。第二题，可有一点难了哦。"数学国王说。"1"先生说："不怕，我一定可以过的！""第二题，我有六分之三的苹果，而公主有二分之一的梨子，那请问，谁的多一些？""1"先生气定神闲地说："本来，应该是一样多，因为六分之三约分一下就是二分之一。"当数学国王正准备要摇头时，"1"先生又说："但因为梨子的大小和苹果的多少是不一样的，所以，这道题也是有问题的！"

数学国王的脸上绽放出了笑容。跑过去抱了抱女儿，说："女儿，他是一个有勇气和有智慧的数，他来继承数学王国我放心，嫁给他吧！"只见公主点了点头，全场欢呼雀跃。

是的，数学来源于生活，它很神秘而又神奇。

教材上的作业练习大部分来源于现实生活，但因为地域差异等因素，学生不免会觉得"水土不服"。如果教师能创造性地对这部分内容进行还原和再创造，或者鼓励学生选取身边的生活实例自编习题作业，将数学练习融合于生活中，就会让作业练习变得更加丰富有趣、具体形象，从而培养学生自主应用数学知识和自主创新的能力，并不断地向学生渗透转化思想。

　　我们在课题研究的过程中充分认识到了社会、校园和家庭对学生学习数学的重要性，积极开发并合理利用这三方面的数学资源，将这些丰富的课外数学资源以活动的形式呈现，为培养学生数学学习能力创造了条件。如定期开展的数学学科竞赛，不但可以激发优生学习数学的积极性，也可以考查学生掌握转化思想的情况；编写数学手抄报、黑板报等活动可以增长学生见识，使学生了解更多相关知识。这些形式多样的数学课外活动使转化思想潜移默化，引导学生在学与用的活动中积累转化思想的活动经验。这种数学课内教学与课外实践活动相结合的形式使二者相得益彰。

转化思想的渗透时机

一、在新知学习中渗透转化思想

小学生的数学学习总是在原有的知识结构或经验基础上进行的，通过学习将新的知识纳入原有的认知结构，然后对原有认知结构进行改组或更新，才可以真正获取新的知识。

因此，在渗透转化思想时必须要求学生具有一定的基础知识和解决相似问题的经验。一般来说，基础知识越多，经验越丰富，越容易沟通新旧知识的转化。教师在学生学习新知识时可以巧妙地创设问题情境，让学生自主产生转化的需要。如《探索活动：三角形的面积》是一个全新的知识点，但在课的伊始，先让学生动手用两个完全一样的三角形拼平行四边形，通过动手操作和对过程的观察，再加上之前学习平行四边形面积时积累的一点经验，不需要老师的强调，大部分学生也能自然而然地想到把三角形的面积转化成平行四边形的面积。笔者认为，只有在授课时让学生自主产生转化的需求，并能积极主动地将新知转化为旧知，转化思想才算真正潜入学生的心中。

又如，在教学北师大版六年级上册《营养含量》一课时，首先出示"黄豆营养很丰富，其中蛋白质的质量分数为 $\frac{9}{25}$，脂肪的质量分数为 $\frac{9}{50}$，碳水化合物的质量分数为 $\frac{1}{4}$"。学生根据所提供的数学信息提出了这样的问题："有黄豆250克，碳水化合物的质量分数为多少克？"在学生解答完之后，教师随即过渡"如果我把分数换成百分数，同学们能计算出来吗？"这一引入新知的过程是先通过复习以前学习过的分数应用题，将学生的思维引到自己熟悉的分数应用题中，回顾如何将具体数量与分率相对应，把即将接触的新知转化为以前的旧知识，降低学习的难度，减缓学习的坡度，从而使学生不惧怕新知的考验，乐于学习。

二、在知识建构中凸显转化思想

任何知识的形成总是从易到难，从简单到复杂。数学思想方法往往隐含于数学基础知识之中，渗透在学生获得知识和解决问题的过程中。如果能有效地引导学生经历知识形成的过程，让学生在观察、分析、概括的过程中，看到知识背后负载的方法、蕴含的思想，那么，学生掌握的知识才是鲜活的、可迁移的，学生的数学素质才能得到质的飞跃。爱因斯坦说："在一切方法的背后，如果没有一种生机勃勃的精神，它们到头来，不过是笨拙的工具。"这种精神就是数学思想。所以，笔者认为教师必须做到：首先，挖掘教材中蕴藏的转化思想。教师在备课时要用心挖掘，从知识、情感、态度价值观方面寻找教材蕴藏的转化思想。其次，在教学过程中渗透、点明转化思想。因为，数学知识都有内在逻辑结构，都按一定的规则、方式形成和发展，其间隐含着数学思想方法。在教学中，在阐述知识形成和发展的同时应凸显数学思想方法。如教学平行四边形面积时，学生发现用数方格的方法求平行四边形面积有困难，思路受阻，教师及时点拨能否把平行四边形转化成以前学过的图形来求。经过一番探索，学生用剪拼的办法，将平行四边形转化成长方形，而后又将平行四边形的底、高转化成长方形的长、宽，从而求出平行四边形面积。这个过程渗透了转化思想。转化思想是构建知识的"桥梁"，没有这座"桥梁"，新知识就无法构建。在新知识形成过程中，教师要及时把握渗透转化思想的契机，引导思维方向，激发思维策略，让学生领悟隐含于知识形成中的数学思想方法。

再如教学"小数乘整数"时，是由这样一个问题展开的，"每个削铅笔刀0.7元，买4个削铅笔刀多少元？"学生以前只学过小数的加减法，对于新知"小数的乘法"他们会怎样计算呢？笔者设计了四种方法：①用4个0.7连加。②把0.7元转化成7角。③把0.7元转化成7元，也就是扩大到原来的10倍，最后再把积转化为原来的十分之一。④通过画图，把一个正方形平均分成10份，每份是0.1元；画4个正方形，每个正方形取7份，4个7份就是28份；每份0.1元，所以有28个0.1元，即2.8元。在探索平面图形的面积时，将平行四边形通过剪拼转化为长方形，三角形通过剪拼转化为平行四边形，梯形通过剪拼转化为平行四边形，这些平面图形求面积公式都是运用了转化思想。同样，立体图形求体积也渗透了转化思想，如将圆锥的体积和圆柱联系在一起。这些课的教学中，让学生经历活动，自己体验，在体验中理解"转化"思想，在"转化"的过程中，培养学生解决问题的能力。

又如，北师大版五年级上册"三角形面积的练习课"教学片断。

师出示：三角形的面积为12cm²，底为6cm。

（1）计算三角形的高；

（2）画三角形；

（3）学生反馈（投影展示）。

这个案例中，教师练习的设计本身是很好的，但由于教师预设后面还有很多的练习，所以当学生画好后，教师没有对学生所画的图形进行比较，让学生发现它们的共同点，得出等底等高的特征；没有让学生思考面积为12cm²的三角形除了底为6cm、高为4cm外，还有哪些可能，从而得出底和高相乘的积是24的三角形面积都是12cm²，增加思维的含量，合理渗透数学思想方法。因此练习再多、再新也只是"蜻蜓点水"的教学流程。

在新知识的学习过程中，作为教学主体的教师不能为了教知识而教知识，应在教学过程中充分尊重学生的学习过程，引导学生利用已有的知识经验，积极、主动、自觉地运用转化的数学思想方法认识新知识，巧妙地将数学知识的学习上升为数学思想方法的学习，并将它从隐性的数学知识中提取出来，使学生的思想受到熏陶和感染，能力得到提升，方法得以创新。

三、在实践运用中发展转化思想

数学思想比数学知识更抽象，不可能照搬、复制。学生必须在学习数学知识的过程中，根据自己的体验、用自己的思维方式构建出数学思想的含义。同时，作为深层次的数学知识和潜隐层次的能力，思想只有在实践运用中才能真正的掌握和提高。与其告诉学生一百遍名字，不如让学生在实际练习中体会一次。特别是在解题中，要让学生多分析、多思考，在运用数学思想中发展学生数学思维能力，进而发展灵活运用数学知识解决问题的一般能力。转化思想亦是如此，除了图形的转化，解决问题和计算中也存在很多转化的现象，在平时的练习中，可以提醒学生注意选用转化思想，使学生逐步掌握这一基本的数学思想。

数学的学习过程是一个不断探索、前进、练习的过程，教材中不断地渗透数学转化思想，就是需要教师有意识地培养学生学会用转化思想方法解决问题，提高解决实际问题的能力。例如，在教学"三角形任意两边的和大于第三边"时，教师创设了这样一个情境：小明上学时究竟是走中间的直路较近，还是分别绕道位于直路两侧的邮局和商店较近？然而，尽管从一开始被提问的学生就能立即对上述问题正确作答，并能依据"两点间直线最短"对此做出必要的论证，但任课教师却仍然坚持要求学生去量一量来验证结论，并重新提出"三角形任意两边的和大于第三边"这一猜想。

这个案例让我们首先来思考"究竟什么是真正的活动"，笔者认为真正有效的活动应是带有一定目的性、能够指向结果，又能达成一定"过程性目标"的探究活动。而在这一案例中学生对活动的结果已经一目了然了，还有活动的动力和积极性吗？当然"过程性目标"会大打折扣。

例如，在北师大版四年级上册《确定位置（二）》一课的教学中，要充分利用学生生活中的事物，引导学生探索图形的特征，丰富空间与图形的经验，建立初步的空间观。在教学中笔者组织学生分小组到操场上选定一个建筑物，让学生在不同角度看这个建筑物，体会从不同的角度看同一个物体时，所看到的形状的变化，并用简单的图形画下来，也可在方格纸上画出示意图。在陈述"假设图书馆在学校的正东方向200m处，小红家在学校的正北方向500m处，医院在学校的正南方向1000m处，车站在学校的正西方向800m处"等信息时，可以先让学生根据这些信息，在方格纸上确定适当的单位距离、标出相对位置，然后教师再及时组织学生进行交流，从而逐步发展学生的空间观念。

在实际教学中，我们要深入钻研教材，努力挖掘教材中可以进行数学思想方法渗透的各种因素，把握好课堂教学中进行数学思想方法渗透的契机，根据儿童的心理特征、接受能力，采用相应的教学手段，使学生逐步掌握现代数学思想方法，发展学生的思维能力和创新能力。

四、在知识复习中拓展转化思想

在小学阶段使学生达到初步树立转化思想、主动应用的目标，这个过程是一个潜移默化、长期积累的过程。在日常教学中，教师往往只对单个的知识点进行教学，缺乏必要的组织教学。教师必须读懂教材、钻研教材才能扎根课堂，清楚数学各学段的知识是如何相互渗透和融合，形成一定的基本数学方法，这体现出对数学知识的整体性理解。

复习课应遵循数学《课标》的要求，紧扣教材的知识结构，及时渗透相关的数学思想和方法，如转化思想。于"变"中把握"不变"，是转化思想的集中体现。

例如，《长方体的表面积和体积计算》复习课教学片段，现阐述如下。

教师设计了这样一道题："一个长方体，它的底面是边长为5cm的正方形，高是10cm。这个长方体的表面积是多少？"

生1：（$5 \times 5 + 5 \times 10 + 5 \times 10$）$\times 2$。

生2：$5 \times 5 \times 2 + 5 \times 10 \times 4$。

师：还有更简便的计算方法吗？

（学生一个个瞪大眼睛，面面相觑。）

生3：我想出了一种简便方法：$5 \times 5 \times 10$。

生4：他错了，他求的是长方体的体积。

师鼓励生3：你是怎么想的？请你说出来给大家听听，好吗？

生3很自信地说：每个侧面可以看作2个底面，那么四个侧面就有8个底面，再加上下2个底面，一共是10个底面，算式就是：$5 \times 5 \times 10$。

师：非常有创意，真是太简便了。

生5：$5 \times 10 \times 5$这种计算方法也很简便。

师：这种方法跟刚才的一样吗？

生6：跟刚才的一样，只是交换了两个因数。

生5解释：上下两个底面合并起来是1个侧面，再加上四个侧面一共是5个侧面，算式就是：$5 \times 10 \times 5$。

多么好的诠释啊！大家不由地鼓起掌来。学生在老师的大力表扬、热情鼓励下，创造性思维得到迸发，体验到了成功的满足与喜悦，更重要的是学生的数学综合能力得到了提高。

对小学数学思想方法的渗透不是一朝一夕就能见效的，而是有一个过程。数学思想方法必须经过循序渐进和反复训练，才能使学生真正地有所领悟。

又如，北师大版六年级上册"圆的面积"一课教学片段，现阐述如下。

教师出示习题：用一根31.4m长的绳子，在草地上围出一个平面图形，怎样围面积最大？

生1：平面图形我们学过得太多了，有长方形、正方形、三角形、平行四边形、梯形和圆形。

生2：要使围成的图形面积最大，三角形和梯形肯定不划算，因为计算它们的面积都要除以2。

师：若围成平行四边形呢？

生4：也不行，因为$S_{平行四边形}$=底×高，若以一条边为底，那么这条底上对应的高一定比这一条边短，这样所得的面积肯定比同底的长方形小。

生5：看来只能考虑长方形、正方形和圆形。

师：有道理，在这三种平面图形中，你估计哪个图形的面积最大？你有什么新的发现？互相讨论讨论！

这个案例中教师组织学生进行了智慧型的对话，很快排除了几种面积较小的图形的可能性，将目标锁定在三种图形上。再通过进一步放手让学生去讨论，学生很快在对话交流中发现了规律。出乎意料的是，学生还发现了在周长相等的情况下，长、宽的米数越接近，面积就越大这一规律。

如笔者在上六年级"平面图形的周长和面积"的总复习课时，让学生写出各种平面图形（长方形、正方形、平行四边形、三角形、梯形和菱形）的面积计算公式后提问，这些计算公式是如何推导出来的？每位同学选择1—2种图形，利用学具演示推导过程，然后在小组内交流。学生交流之后笔者又指出：你能将这些知识整理成知识网络吗？当学生形成知识网络后（见图1），再次引导学生将这些平面图形面积计算方法统一为梯形的面积计算公式。通过以上活动，深化了对转化思想的理解，重组了学生已有的认知结构，拓展了学生的数学思维。其中数学思想方法作为数学认知结构形成的核心起到了重要的组织作用。

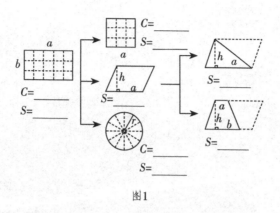

图1

　　为了学生的终身可持续发展，作为数学教师，我们应深入地了解和钻研数学思想方法。在教学中，不仅要重视显性的数学知识教学，也要注重对学生进行转化思想的渗透和培养。转化思想是数学思想的核心，在教学中，始终紧扣"转化"这根弦，对提高学生的思维能力、分析问题和解决问题的能力是十分有帮助的。教师应把隐含在知识中的转化思想加以揭示和渗透，让学生明确转化思想的作用，体会运用转化思想的乐趣，提高学生的数学素养。

　　总之，转化思想是在启发学生思维过程中逐渐积累和形成的思想方法，对认知活动起着监控调节作用，对培养能力起着决定性的作用。提高学生的认知水平，是培养学生分析问题和解决问题能力的重要途径。同时要注意渗透的长期性，这种渗透往往要经历一个循环往复、螺旋上升的过程。将转化思想应用于数学学习的各个领域，但不管在哪方面，它都是以已知的、简单的、具体的、基本的知识为基础。因此在转化的过程中，教师自身应该有一个宽阔的转化意识，夯实转化过程中的每一个细节，在单元结束后的"整理与练习"环节中，再次提升转化思想，并在后续的学习中有意识地关注转化思想，进行必要的沟通与整合，把隐藏于知识背后的思想方法揭示出来使之明朗化，这样才能通过知识传授过程达到思想方法教学之目的。教师在处理习题时，不能仅仅教给学生解题术，更重要的是要让学生收获其数学思想，用知识里蕴含的"魂"去塑造学生的灵魂，让学生受益终生！

下 篇

转化思想的实践与设计

渗透实践

让转化思想成为学习数学的主流

深圳市宝安区航城学校   罗宜填

《课标》中提出应进一步加强数学思想方法的教学，数学思想方法是对数学规律的理性认识，让学生通过数学学习，形成一定的数学思想方法，应该是数学课程的一个重要目的。在小学数学教学中注重从学生的生活经验出发，向小学生教授一些数学的基本思想方法，是社会发展、人的发展和数学教学发展的必然要求。

转化思想，是所有数学思想之中的核心思想和精髓，是所有数学思想的灵魂，是所有数学思想中最为基本的重要体现，也是小学数学学习中分析问题和解决问题的一种非常重要的数学思想，更是一种解决创新问题的重要策略。

正如马克思主义所言：事物之间是普遍联系的，又是可以相互转化的。也就是说，转化的思想实质上就是理论向实际的转化，思想性向实用性的转化。这与小学数学的教学是不谋而合的。就解题的本质而言，解题意味着转化，即把生疏问题转化为熟悉问题，把抽象问题转化为具体问题，把复杂问题转化为简单问题，把一般问题转化为特殊问题，把高次问题转化为低次问题，把未知条件转化为已知条件，把一个综合问题转化为几个基本问题，把顺向思维转化为逆向思维。它是从未知领域发展，通过数学元素之间的联系向已知领域转化，找出它们之间的本质联系从而解决问题的一种思想方法。因此在小学数学教学中，笔者觉得教师在指导学生学习数学的同时，应当结合具体的教学内容，重视这种数学思想的教学，有意识地培养学生用"转化"思想解决问题能力，才能拓宽、深化学生的思维，提高学生数学能力，这对于培养学生数学学习能力、提高学生素质具有十分重要的意义。

从现行教材分析，其知识结构中仍然存在着加法与减法的转化；乘法与除法的转化；分数与小数的转化；除法、分数与比的转化；难向易的转化；繁向简的转化；立体向平面的转化；数与形的转化；抽象与直观的转化；一般与特殊的转化；未知向已知的转化；等等。

教师应该尽可能地挖掘现行小学数学教材中所有教学转化思想的内容，并进行整理，使之序列化。这就是说教师在课堂教学中除了应结合恰当的教学内容逐步教学转化思想外，更重要的是抓住合适的时机进行教学、引导，训练转化思想。

一、转化新知

用转化思想学习新知识最能强化转化的意识。小学生的数学学习总是在原有的知识结构或经验基础上进行的，通过将新的知识纳入原有的认知结构，然后对原有的认知结构进行改组或更新，从而获取新的知识。

例如，在教学"圆柱的表面积"一课时，笔者就抛出一个比较直观、通俗的问题，让学生独立自主地去思考，然后解决。笔者说："同学们，我们已经掌握了圆柱的特征，也了解了圆的面积是怎样计算的，那么圆柱的表面积又应该如何计算呢？你有什么办法能让一个没有学过数学的人经过你的讲解也能理解并会计算圆柱的表面积呢？"学生经过独立思考、独立自主地探索，然后与小组交流得出结论：把圆柱的表面予以展开、分解，从立体图形转化成平面图形，通过化圆为方的思想，可以找出圆柱的表面积计算方法。

第一种方法：把圆柱的侧面沿高剪开，这样整个圆柱的表面就分成了一个长方形的侧面和两个圆形的底面。也就是说圆柱的表面积是由一个侧面积+两个底面积，这就是前面所讲的立体向平面转化的情形，如图1所示。

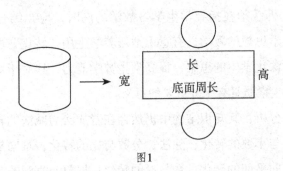

图1

第二种方法:

除了按刚才的方法展开外,还可把两个圆形的底面也进行加工,把圆形转化成近似的长方形。这就是化圆为方的方法,初步让学生体验了极限思想。

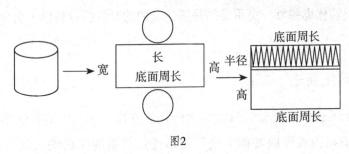

图2

通过这样的转化,学生的思维打开了,那么他想到的方法也就不再像第一种方法那样了,这样的转化思想才能深入学生的骨髓里。这样求圆柱的表面积就自然比较简单化了。

圆柱的表面积=圆柱底面的周长×(半径+高)

又如,在教学"圆的面积"时,笔者提出这样的问题:"同学们,圆的面积应该怎么计算呢?你又如何让一个没有学过数学的人明白为什么圆的面积是这样计算的?"学生经过独立思考、小组交流,最终得出结论:要想求出"圆的面积",必须要让圆形转化成方形,也就是我们所学过的平行四边形、长方形、正方形、三角形或梯形。学生已经有一定的学习活动经验和基础知识,在操作活动中很快发现了拼成的近似长方形与圆的联系,得心应手地推导出"圆的面积"的计算方法。当然也有的转化成了三角形或者梯形,推导出"圆的面积"计算方法,并进一步加深了对"转化"思想的认识,化曲为直,化圆为方,也是初步体验极限思想。

通过巧妙地创设问题情境，学生自主产生转化的需要；采用直观演示、动手操作、合作交流等多种手段，引导学生经历转化的过程，将不会的、生疏的知识转化成已经学会的、可以解决的知识。在学生积累了一定的运用转化解决问题的经验后，我们要让学生谈谈运用转化思想解决实际问题的感受，体验运用转化思想解决实际问题的优点，不断增强运用转化思想解决问题的意识；要让运用转化思想成为学生的自觉行为，通过对解决问题前后进行比较，感受转化的实际价值。其实在转化研究的过程中，这样一步一步地深化、一步一步地转化，强化转化意识，转化思想也就随之潜入学生的心中。

二、转化练习

　　在解决一些教材或者练习册中的习题时如果应用转化思想，就能事半功倍。教师在让学生做练习时，不能满足于仅仅让学生学会解这道题，更重要的是要让学生收获数学思想。因此，这要求教师对数学问题的设计应从数学思想方法的角度加以考虑，并注意在解决问题之后引导学生进行交流，深化对解题方法的认识。

　　例如，在教学"成长的脚印"一课时，因为学生已经学习了各种平面图形的面积计算，所以在教学这种不规则图形的面积计算时，由于平时有意识地强化了转化思想，加强了学生的"转化意识"，教师完全可以放手让学生独立学习、自主交流。一些学生很快就会想到要把这个不规则的图形分割成几个学过的图形，再求这几个图形的面积和，就求出了这个不规则图形的面积。这一问题的解决就是依赖转化思想，把不规则的图形转化成规则的图形，说明转化的思想已经存在于部分学生的脑中了。

　　我们教师应该站在整体的高度去处理教材，从转化的角度去把握教材，对教材内容的相互联系进行比较透彻的分析，对教材的整体性、结构性更好地把握，这样在备课和教学中就能居高临下，有的放矢地进行教学。学生在感知、体验转化方法的过程中，对数学知识之间的紧密联系认识会更深刻，因此在学习过程中对基础知识的学习和掌握会更加重视，从而有利于学生对数学知识结构的构建和形成，有利于学生解决数学问题能力的提高。

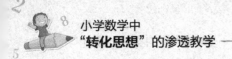
三、转化总结

经过一个阶段的转化思想教学后，组织学生进行小结或复习时，引导学生自觉地检查自己的思维活动，反思自己是怎样发现和解决问题的，使学生从数学思想方法的高度把握知识的本质，对转化有更深切的体会和感受，促使他们在后续的学习中有意识地运用转化思想解决问题。

苏联数学家雅诺夫斯卡娅在回答解题意味着什么时说："解题意味着把所要解决的问题转化为已经解过的问题。"学生遇到问题时不知道怎么做，可经老师提示，都能做出来，这是为什么呢？笔者认为是因为学生不明确转化的方向，不知向何方前行。再如在教学小数乘小数"0.2×2.7"时，因为学生已经理解并掌握了整数乘法的意义及其计算方法，教师同样可以把新课当作练习课那样放手给学生充分自主的空间与时间，让学生主动有意识地运用学过的知识去解决这问题。学生在理解了小数乘法的意义后，小组合作探索其计算时，发现可以把0.2和2.7同时扩大10倍，转化成整数2和27，然后按照整数乘法计算的方法算出积再把积缩小100倍，就得到了小数乘小数时的积。在这个探索的过程中，学生实际上已经运用了转化思想，而且是相当合理的。这时，教师就起到了点拨的作用，在学生充分理解为什么要缩小100倍之后，进行这种转化思想的提炼，这就要求教师在处理习题时，不能仅仅教给学生解题的方法，更重要的是要让学生收获其中的数学思想，用知识里蕴含的"魂"去塑造学生的灵魂。这将会让学生受益终生。

综上所述，在学生领悟到转化的实质是化繁为简、化未知为已知之后，转化的关键就是针对每一个具体的问题寻找到突破口以及知道如何去转化。可以给予学生较大的探索空间，让他们充分思考，主动探究如何转化。通过多元化的练习，学生懂得要根据实际问题的特点，从不同的角度用不同的方法进行转化，并不断掌握转化的方法和技巧。

总之，转化思想方法的形成不是一朝一夕的事，必须循序渐进、有意识地进行强化教学，同时随着它在不同知识中的体现，不断地丰富着自身的内涵。转化思想的应用遍布数学学习的各个领域，但不管在哪方面，它都是以已知的、简单的、具体的、基本的知识为基础，将未知的化为已知的，复杂的化为简单的，抽象的化为具体的，一般的化为特殊的，非基本的化为基本的，从而找到正确的解决方法。如果教师能有意识地运用转化思想来设计教学，那将非常有利于学生从不同的侧面加深对问题的认识和理解，提供解决问题的方法，也有利于培养学生将实际问题转化为数学问题的能力。因此在教学过程中，教师自身应该有一个宽阔的转化意识，夯实转化过程中的每一个细节，在单元教学结束后的"整理与复习"中，再次提升转化思想，并在后续的学习中有意识地关注转化思想，进行必要的沟通与整合。转化思想对教师来说是一种教学方法、教学策略，对学生来说是一种学习方法，如果长期教学，运用恰当，可使学生形成良好的数学意识和思想，长期稳固地作用于学生的数学学习生涯中，让转化思想扎进每一位学生的心中，让每一位学生把转化思想运用得更广泛、更到位。

在小学数学教学中渗透"转化"思想

深圳市宝安区西乡小学　吴锐洁

　　著名数学家乔治·波利亚说："完善的思想方法犹如北极星，许多人通过它而找到了正确的道路。"的确，在小学的数学教学中，仅仅满足于数学知识的教学已经不够，更重要的是数学思想方法的渗透。《课标》指出，数学是人类文化的重要组成部分，数学素养是现代社会每一个公民应该具备的基本素养。数学思想方法正是人类思想文化宝库中的瑰宝，是数学文化素养的精髓。数学思想直接支配着数学的实践活动，是数学方法的灵魂；数学方法则是数学思想的表现形式和得以实现的手段。

　　小学是学生学习数学知识的启蒙时期，这一阶段应注意给学生渗透基本的数学思想。转化思想是解决数学问题的一种重要思想。数学是一门连贯性很强的学科，新知识的学习总是在旧知识的发展和转化过程中形成的。转化，让未知变已知！通过转化途径可以获取新知识的解决方法，通过转化途径可以探索出解决问题的新思路，通过转化途径可以使数学问题化难为易……因此，在教学中

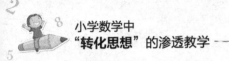

我们应结合恰当的教学内容逐步给学生渗透转化思想，使他们能用转化的思想去学习新知识、分析并解决问题。那么在小学数学教学中如何挖掘并适时地渗透"转化"思想呢？下面本人主要谈谈自己对数学教学实践的几点粗浅见解。

一、在学习新知识时渗透"转化"思想

在小学数学教学中，需要教师巧妙地创设问题情境，让学生自主产生转化的需要。新知识的例子很多，这就要求教师深入分析教材，理解教材，进而挖掘出其中蕴含的转化思想。

例如，教学"异分母分数相加减"时，本人是这样设计的。

（1）出示情境，引导学生根据情境获取信息并列出相应的算式，从而引出异分母分数相加减的学习。

（2）合作交流，整理汇报异分母分数相加的方法。

方法1：将两个异分母分数都变成小数，再相加。

方法2：将两个异分母分数都通分变成同分母分数后，再相加。

如果分数化不了小数（除不尽），就只能用第二种方法了。

（3）归纳整理，渗透"转化"思想。

思考以上两种方法，你有什么发现？（两种方法均是把计数单位不同的分数转化成计数单位相同的数相加。）

（4）回顾反思，计算异分母分数相减的算式，强化"转化"思想。

…………

整个过程的学习就是引导学生将异分母分数转化成已经学习过的同分母分数相加减，从而解决问题。可见，旧知识的掌握对新知识的"转化"学习有着重要的作用。

二、在定理规律形成过程中渗透"转化"思想

除法的学习是从二年级开始的，渐渐地，学生明白了商不变规律：被除数和除数同时乘或除以一个不为零的数，商不变。正因为有了商不变规律的学习，分数的基本性质及比的基本性质也就可以通过转化而明确。因此，让学生明白分数与除法的关系、比与除法的关系是学习分数基本性质及比的基本性质

的重要基础。基础知识虽然简单，却隐藏着数学的奥秘，夯实基础知识，渗透"转化"思想，可以使数学问题化难为易。

又比如乘法分配律的学习，$(a+b)×c=a×c+b×c$，可以在数学"转化"思想的学习基础上理解乘法分配律的推导过程，同时又可以升华到文字上的转化。假如"a"代表"爸爸"，"b"代表"妈妈"，"c"代表"我"，"+"代表"和"，"×"代表"爱"，那么整个规律可以归纳为"爸爸和妈妈爱我"，也就是说"爸爸爱我和妈妈爱我"。反过来，$a×(b+c)=a×b+a×c$，那么又可以归纳为"我爱爸爸和妈妈"，也就是说，我爱爸爸和我爱妈妈。这样，不仅通俗易懂，也对学生渗透了情感教育。

三、在复习总结时渗透"转化"思想

六年级下册的学习主要以复习为主，引导学生建构知识网络并理解知识之间的关系尤为重要，而知识之间的复习不能仅仅满足于结论的复习及应用，更重要的是要引导学生明白知识之间的转化关系。这样，当学生忘记了某个知识点时也能应用知识之间的转化技巧推导出相应的知识点，同时也强化了对知识点的学习。

例如，在复习平面图形的面积公式时，本人是这样设计的。

（1）复习。

① 边长是1cm的正方形，面积就是1cm²。

② 边长是1dm的正方形，面积就是1dm²。

③ 边长是1m的正方形，面积就是1m²。

（2）学习过的平面图形有哪些？它们的面积公式是怎样的？这些面积公式是怎么推导出来的？小组合作整理出网络图。

学生可能会按照学习的先后顺序进行整理，通过整理会发现：长方形面积公式的推导是由每一单位的小正方形拼成格子状"转化"而成的；正方形是特殊的长方形，它的面积公式的推导是在长方形的基础上"转化"的；平行四边形面积公式是通过割补成长方形，从而运用长方形面积公式转化而成的；三角形、梯形面积公式都跟平行四边形面积公式有密切的关系，是将三角形、梯形转化成平行四边形而得的；圆形也可以转化成平行四边形从而推导出其面积计算公式。

由此可见，"转化"思想贯穿整个小学数学阶段平面图形面积公式的推

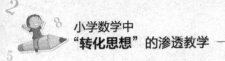

导过程，学会了长方形的面积公式，再加上"转化"思想渐渐侵入学生的头脑中，那么，其他平面图形的面积公式也就迎刃而解了！

四、在练习题中渗透"转化"思想

在三角形内角和的学习之后，求四边形、五边形和六边形的内角和是多少？这一问题就是依赖"转化"思想，即把四边形、五边形和六边形分别转化成若干个三角形的和。教师在引导学生完成习题时，不仅仅让学生懂得如何解题，更重要的是让学生收获其中的数学思想。教师要用知识里蕴含的思想塑造学生的灵魂，让学生以后在碰到类似问题时不仅懂得解题，更重要的是能够运用数学思想去思考问题，从而解决问题。

总之，小学数学思想方法的渗透不是一朝一夕就能完成的，而是要有一个过程。数学思想方法必须经过循序渐进和反复训练，才能使学生真正地有所领悟。学生所学的数学知识，通常走出校门后不到一两年就忘记了，然而，不管他们从事什么工作，唯有深深铭刻于头脑中的数学思想和方法能使他们受益终身。"转化"思想不管在哪方面，都是以已知的、简单的、具体的、基础的知识为基础，将未知的化为已知的，复杂的化为简单的，抽象的化为具体的，一般的化为特殊的，从而得出正确的答案。因此，作为教师，我们应该有一个宽阔的转化意识，夯实转化过程中的每一个细节，在教学中渗透，使学生在后续的学习及解决问题中有意识地关注数学转化思想。

小学数学中转化思想的应用与渗透

深圳市宝安区宝安实验学校　李佳盈

转化思想是人类智慧的体现。转化思想的运用自古就有，司马光砸缸、曹冲称象等都是人类在解决生活中的困难时采取的有效办法，这些办法的共同点就是把难以操作的事情转化为容易操作的事情。如司马光不是把掉进缸里的小孩拉出来，而是想办法让缸里的水流走从而使小孩得救；当时的测量工具不能直接称出大象的体重，但是曹冲通过测量等质量的石头来代替大象的质量，这些都是生活中的转化思想。

辩证法告诉我们，事物是普遍联系的，矛盾在一定条件下可以相互转化。在数学学习中，转化思想在解决问题时显得尤为重要，它不仅是数学学习的一种重要精髓，是沟通新旧知识的桥梁，还是知识转化为能力的一种体现，转化思想的运用在数学学习上占有重要地位。下面我结合几个具体的教学案例来谈谈我的看法。

一、挖掘题目间的本质联系，举一反三

在教学北师大版四年级数学进行平行四边形和梯形面积计算时，常用的方法是把未知的图形面积计算转化为已学过的图形面积计算，这就是转化思想的渗透。为了让学生体验到转化思想的妙处，笔者在整个单元学习完后，设计了这样一些练习题：

如图1、图2所示，一块长方形草地的长为10m，宽有6m，有一条小路从中间穿过（小路的水平宽度始终保持3m），求草地部分的面积。

图1

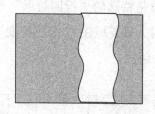
图2

分析：这是一组变式练习，数学中的变式练习可以帮助学生梳理知识脉络，提升数学思维。图2小路的形状是不规则的，学生目前的知识是无法准确计算其面积的，但是由"小路的宽度始终保持相等"这一条件，我们可以把复杂的问题转化为简单的问题。我们可以把图2中小路的形状进行等积变换，把弯曲小路向左右平移到与图1相一致，面积不变。于是不规则图形的面积计算就转化为已学过的平行四边形面积计算了。

为了巩固学生对转化思想在空间图形中的运用，本人又设计了相关的题目：一块长方形草地的长为10m，宽有6m，有小路从中间穿过（小路的水平宽

度和垂直宽度始终保持2m），求草地部分的面积（见图3-图5）。

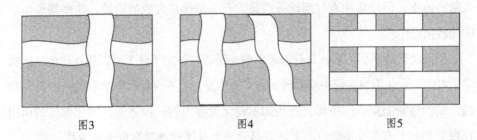

图3　　　　　　　　　　图4　　　　　　　　　　图5

这三道题目难度都有提升，草地中的小路变成了两条甚至多条，有些方向还不相同，但是解决方法与前面类似，可以把不规则图形转化为熟悉的平行四边形，把分散的草地化零为整体，再进行面积计算。如图3可以转化为图6，把小路的位置进行平移并转化为等面积的长方形小路，这样草地面积就是长方形的面积了；图4垂直方向的两条小路形状都不一样，但是它们都是等底等高的平行四边形，面积与等长的长方形面积相等，经过平移后，草地的面积就只需计算图7中的阴影部分面积。图5的解决方法也类似（见图8）。通过这一系列题目的练习，加深了学生对"等底等高的平行四边形面积相等""长方形是特殊的平行四边形"等相关知识的了解，更让他们明白虽然形状各不相同，只要抓住 "面积不变"这一本质，未知的知识就可以转化为已知的知识去解决。

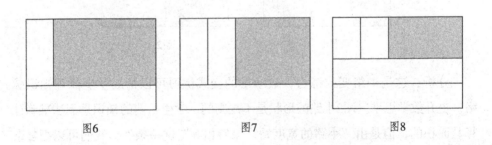

图6　　　　　　　　　　图7　　　　　　　　　　图8

二、渗透转化思想，突破计算的难度和宽度

在小学数与代数部分的教学中，乘法计算占的比例较大，从简单的一位数乘一位数，到多位数乘多位数，整数乘法到小数乘法，处处都体现着转化思想的重要性。记得在教学三年级学生学习"$14 \times 12 = ?$"时，本人就整合了教材，

花了较多时间理解算理后，学生的学习容量剧增，计算能力有了较大提高。

方法（1）：把12拆成10和2的和，把两位数乘两位数的计算转化为两位数与一位数的计算，再把两部分乘法的积加起来，$14 \times 10=140$，$14 \times 2=28$，$140+28=168$。

推广：计算234×13，同理把13看成$10+3$，三位数乘两位数的计算可以转化为一位数乘三位数，先算234×10，再算234×3，这样新知识就转化为旧知识。如果要计算312×145这样的乘法也显得不那么难了，转化思想可以让学生轻松进行多位数乘法计算。更为难得的是，这样的转化方法将成为高年级学生学习乘法分配律的基础。

方法（2）：$14 \times 12=14 \times 6 \times 2=84 \times 2=168$，这是一种特殊的拆分，巧妙地把两位数计算转化为一位数计算。这种方法还可以进行巧算。

推广：$125 \times 88=125 \times 8 \times 11=1000 \times 11=11000$，

$\qquad 25 \times 64 \times 125=（25 \times 8）\times（8 \times 125）=200 \times 1000=200000$

数学知识不是割裂开的孤立的部分，知识点之间的联系是非常紧密的，教师只有站在较高的角度来研读教材，才能灵活系统地进行高效教学。小学阶段是学生学习数学的启蒙时期，在这一阶段注意给孩子们渗透转化思想显得尤为重要，这无疑是给学生插上知识的翅膀，利用已有的知识解决现实问题、将未知转化为已知、将复杂问题转化为简单问题。授人以鱼不如授人以渔，转化思想可以帮助学生拥有解决问题的强有力工具，教师应当在这方面多琢磨、多积累、常反思。

参考文献：

［1］胡宏亮.转化思想在小学几何教学中的应用［J］.新课程（小学版），2010（3）.

［2］纪梅花.转化思想在小学数学教学中的渗透［J］.基础教育研究（教材教法），2016（2）.

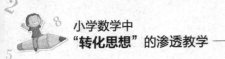

转化——沟通知识的纽带

——《平行四边形的面积》教学案例

深圳市宝安区西乡凤岗小学　陈静

案例背景：接到上课任务时，本人的教学设计是一改再改，最初是想通过比较长方形面积和平行四边形面积大小引入，在学生操作时渗透转化思想；之后又改为让学生大胆猜想平行四边形面积的计算方法，以"猜想——验证——结论——应用"这样一条主线，同时在操作中向学生渗透转化的思想。但在看了席争光老师上的这节课后，本人深深感觉到这节课的教学不应局限于这些显性的线索，而应充分彰显这节课的灵魂，那就是"转化"，让转化成为沟通新旧知识的纽带。以下是本节课的几个片段。

片段一：回忆旧知，生成问题——渗透"转化"

师：同学们，你们会算小数乘法吗？回忆一下。谁来说？

生1：把小数乘法转化成整数乘法进行计算。

生2：列竖式，先把两个乘数算出结果后，再点上小数点。

师：是他们说的这样吗？来，看一下大屏幕。（播放课件）

师小结：我们在解决小数乘法的问题时，先把小数乘法转化成整数乘法，也就是把新学的知识转化成已学过的知识，进而解决新的问题。多好的策略啊，把不熟悉的转化成熟悉的，把复杂的转化成简单的。（板书：转化）

师：从今天起，我们要开始研究多边形面积的计算。我们已经认识了哪些平面图形？（随着学生的回答，师贴出相应的图形。）

师：哪些图形的面积，我们已经会算了？

生：长方形、正方形。

师：长方形和正方形的面积怎么算？

…………

师：长方形和正方形的面积计算是我们已学过的知识，属于旧知。（指三角形、平行四边形、梯形）这些图形的面积我们会算吗？（生：不会）这些是我们要学习的新知识。今天咱们就重点来学习平行四边形面积的计算。

反思：本课的引入是利用小数乘法这个学生熟悉的计算方法来教学数学当中转化的思想，让学生在课程还没开始前就知道，现在要学的知识我们可以利用学过的知识来帮助解决。同时把互不相干的两部分内容——数与代数和图形与几何进行了连接。课后也有老师提出建议，本课内容是图形与几何，以小数乘法引入，虽然体现了转化思想，但给人的感觉会很突兀、很跳跃，能否放到课程结束前，把一些可以运用转化思想解决的数学问题展示给学生，以拓宽学生的思路？

片段二：抽象概括，建构模型——深化"转化"

师：刚刚有很多同学都是用剪拼的方法拼成一个长方形，然后通过计算长方形的面积得到了平行四边形的面积。那如果这个平行四边形是水池，还能不能剪拼呢？

师：看来这个方法不能到此为止。是不是？我们不能每次都把平行四边形剪开计算，对吧？我们可以探讨一下这个平行四边形和转化成的长方形有什么关系，以后我们就可以直接计算了。四人小组讨论一下。

探讨：

（1）原平行四边形和剪拼后长方形存在什么关系？

（2）怎样直接计算平行四边形的面积？

生1：平行四边形和剪拼后的长方形面积相同。

生2：因为长方形的宽是原来平行四边形的高，长方形的长相当于平行四边形的底，长方形的面积=长×宽，所以平行四边形面积=底×高（板书公式）。

（课件演示，系统回忆刚刚的转化过程。）

师：现在，你能求平行四边形的面积了吗？它的面积大小跟谁有关系？我们还可以用字母表达公式，用S表示面积，a表示底，h表示高。

反思：在抽象出公式这一环节，在第一次上课时，课堂上就感觉过于生硬。其中有个学生提出平行四边形的公式就是底乘高。如果当时本人就把这个公式写到黑板上，然后顺势引导学生观察平行四边形和剪拼后的长方形之间的联系，那公式的出现就会自然很多。的确，教师就该在学生的真实认识点上，应学生而动，应情境而变，捕捉不期而至的生成点，以睿智的追问，激活学生思想。而在第二次上课的课堂上，因为有了前面的教训，做了适当的调整，课堂效率就不同了。

片段三：巩固应用，内化提高——拓展转化

想一想：

（1）书本练一练第2题，比较3个平行四边形的面积。

师：（课件出示图）这三个平行四边形的面积相比，怎么样（见图1）？

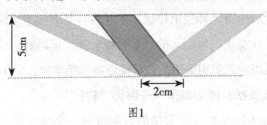

图1

生1：中间的大些，它看起来粗一些。

生2：右边的大些，它长一点。

生3：这三个平行四边形的面积大小一样，因为它们的底一样长，高也一样长。

师：高怎么会一样长？

生：因为这三个平行四边形的高都是这2条平行线之间的垂直距离。

师：为什么它们的面积会一样呢？

生：它们的底都是2cm，高都是5cm，所以这三个平行四边形的面积都是10cm^2。

小结：等底等高的平行四边形，面积相等。

（2）课件出示

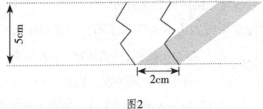

图2

师：谁的面积大？

生1：一样大，因为它们是等底等高的。

生2：比不了，左边的是不规则的，根本算不出它的面积。

生3：可以算的，只要把左边突出来的两个三角形剪下来，平移到右边，就正好是一个平行四边形，这样它们就是两个等底等高的平行四边形，面积相等。

师：的确这个不规则图形，可以把它转化成规则图形。（课件演示）

师：我们还可以从不同角度来看。这个不规则图形是由4个规则的平行四边形组成，它们的底都是2，高的和正好是这个平行四边形的高。所以面积也相等。看，转化是个多么好的方法！

教学反思：练习设计本着"重基础，验能力，拓思维"的原则，设计三个层次的练习：第一层，基本练习，正确分清平行四边形的底和高的关系。第二层，综合练习，通过不同的高引起学生的混淆。在计算中让学生明确计算平行四边形面积时要注意底与高的对应。第三层，拓展提高，深化学生的转化意识，为后面三角形面积、梯形面积的推导做铺垫。而在课堂上本人明显感觉到学生在理解等底等高时，对于高在图形之外这种情况，有一定的困难。本人在课堂上的处理就是直接告诉学生高就是两条平行线之间的垂直线段，而两条平行线之间的距离是相等的。但很显然有部分学生仍然是不理解的，而如何恰当地处理这一知识点，也是值得本人思考的。

转化思想——寻找新知的生长点

深圳市宝安区西乡小学　吴锐洁

"随风潜入夜，润物细无声"描绘的是春雨随着春风在夜里悄悄地落下，悄无声息地滋润着大地万物的情形，春雨的美好诱发人们对它的喜爱之情。在数学上，数学思想方法正如春雨一般，对提高学生的思维意识、探索意识、创新意识及学生的数学素养有着不可估量的作用。然而，数学思想方法的形成并不是一朝一夕的事，而应该是长期的反复训练、在不同知识中加以渗透，并且不断丰富其内涵的一个过程。这就需要教师在每堂课的教学中适时、适当地体现，使学生在潜移默化中日积月累，从而在解决实际问题时派上用场。

转化思想，是数学上攻克各种复杂问题的武器之一，是重要的数学思想方法。它是通过把未知的知识转化为已知的知识、把陌生的知识转化为熟悉的知识、把复杂的知识转化为简单的知识，从而逐步学会解决各种繁难的数学问题的过程。那么，在小学各学段应该如何引导学生运用好转化思想呢？以下浅谈自己对转化思想在小学不同年段渗透的几点看法。

一、低年段：初步感知转化思想，让思维活跃起来——化数为形

在低年段的数学学习中，学生的思维能力还处于直观形象思维阶段，学生对于数的认识及数的计算也都只停留在感知阶段，因此，将数的学习转化为画简单图形的直观过程加深理解，或是摆小棒、摆小圆片等操作活动的学习尤为重要，这样可以让静止的数活跃起来，学生的思维也跟着活跃起来。

例1：10以内的减法计算。

$$8-3=\square$$

抽象的算式呈现出来后，一年级的学生经过幼儿园的学习后，已经可以用数手指或心算等方式快速地算出结果。然而，这种固化的模式只停留在会计算，学生对于算理和算法的掌握都是不够的，这就需要教师引导学生将算式转化成自己熟悉的情境，并借助直观图来解释每个数的意义，通过将静止的算式还原成动态的情境及动态的操作活动，帮助学生进一步感知并理解算式的来源及去向。

问1：同学们，如果请你根据算式编一个生活情境，你有办法吗？

学生根据自己的生活经验可以说出不少情境。如丁丁的妈妈买了8个苹果，丁丁和爸爸、妈妈3个人各吃了一个，请问还剩下多少个？

问2：那你能以画图或摆小棒的方式来表示这个过程吗？

8个苹果可以用8个小圆圈表示：○○○○○○○○。

丁丁、爸爸、妈妈各吃了一个，共吃了3个，表示为：○○○○○[○○○]。

用虚线圈出3个或是画掉3个，还剩5个。

问3：这里面的8、3、5分别表示什么呢？

8表示原来有8个苹果，3表示吃了3个苹果，5表示还剩下5个苹果。

整个过程，学生通过感知将抽象的算式转化为实际问题及直观图例的过

程，提高对算理及算法的掌握。

学生经历了10以内的减法计算过程后，有了一定的思维习惯，在后续学习20以内的减法也可以触类旁通。

例2：20以内的退位减法计算。

$$15-9=\square$$

同样地，学生可以经历"还原情境——直观图例——理解算理及算法"的过程。在这个新的过程中，可能会有学生提出：数字越来越大了，画图或者摆小棒然后一个一个画掉的方式有些麻烦了，有没有更好的办法呢？

这可以促使学生发散思维，从多个角度思考问题解决的过程。有的学生可能会想到转化成10以内的减法计算。当学生没有提出时，教师可以问：能不能将"20以内的退位减法计算"转化成我们学过的"10以内的减法计算"呢？由此，化新为旧，触发学生拆大数或拆小数的想法。

方法一（拆大数——破十法）：　　　　方法二（拆小数——去尾法）：

$$15-9=\square \qquad\qquad 15-9=\square$$

$$\begin{cases}15=10+5\\10-9=1\\1+5=6\end{cases} \qquad\qquad \begin{cases}9=5+4\\15-5=10\\10-4=6\end{cases}$$

这样，学生通过拆数转化的过程，把未知的知识转化为已知的知识。如果再一次画图或摆小棒，就无须经历一个一个画掉的烦琐过程了。可以直接拿掉10根小棒中的9根，也可以先拿掉5根小棒再拿掉4根小棒。学生通过化数为形的转化过程进一步明确算理，并掌握算法。

学生有了低年段转化思想的感知，那么，后续认识小数、分数、百分数以及学习乘法、除法也能举一反三，用图形的形式来表示各种不同的数及数的计算，从而加强对不同的数及数的计算的理解。

二、中年段：探索理解转化思想，多角度优化解题策略——化繁为简

中年段的学生已经有了转化思想的感知，生活经验及数学学习经验也更加丰富，数学学习对学生的发散性思维及创造性思维要求更高，这就需要学生慢

慢过渡到自主探索，在探索的过程中深入理解转化思想在解决实际问题中的重要作用，从而使学生从多角度思考，将烦琐的问题转化为简单的问题，最终优化解题策略。

例3：篮子中的梨。

大小两个篮子都放着梨，如果从大篮子拿2个放入小篮子，两个篮子中的梨数量一样多；如果从小篮子拿2个放在大篮子里，那么大篮子里梨的数量是小篮子的2倍。两个篮子中各有几个梨？

看到题目，我们自然而然地会想到解方程的方法：

设小篮子有梨 x 个，那么大篮子有梨（$x+4$）个。那么 $2（x-2）=x+4+2$，得到 $x=10$。

确实，经过未知数 x 一梳理，甚至还可以用上二元一次方程，看起来挺复杂的题目，突然变得轻而易举了。然而，对于还没学过方程的三年级学生来说，又应该如何化繁为简呢？

有的同学建议：用符号化的形式代替大篮子和小篮子，比如 ⊗ 表示大篮子，⊙ 表示小篮子，于是，⊗ = ⊙+4，（⊙-2）×2= ⊗+2，将"⊗ = ⊙+4"代入得：⊙×2-4= ⊙ +4+2，最后算出 ⊙=10。确实，符号化的过程有利于学生对大小篮子的理解，使学生更清楚大小篮子的关系。然而这已经是接近二元一次方程的过程，要让三年级的学生接受，还是要看学生个体的接受能力。

那么，除了算式的方法，是否可以转化成直观图形呢？让学生自主探索。

画图试一试吧（见图1）！

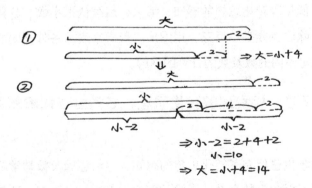

图1

146

通过边分析题意边画线段图表示大小篮子关系的方法，从而得出"小－2=2+4+2"，从而得出"小=10"的结果。这不仅不会超出小学三年级的学习范围，也让学生体会到线段图为解决实际问题带来的方便，从而把复杂问题图形化并简单化。

例4：周末了，奇思一家准备去爬山。上午9时上山，每小时行3km，到达山顶时休息1h。下山时，每小时行4km，下午4时到达山底。全程共行了20km。请问：上山和下山的路程各是多少千米？

此题已知上山和下山的速度、总时间和总路程，可以考虑用解方程的方法。然而，仔细观察会发现，题目中给出了两个路程的总和以及与这两个路程有关的速度及总时间，这与鸡兔同笼的问题相类似。

假设都是上山，那么总路程就是3×6=18（km），比实际总路程少了2km，因此下山共花2÷（4-3）=2（h），上山时间为4h。从而快速算出上山路程为12km，下山路程为8km。

同样可能是二元一次方程的复杂计算，通过类比转化成熟悉的"鸡兔同笼"问题，进而用"鸡兔同笼"的常用方法——假设法快速解决问题，优化了解题策略。

三、高年段：内化运用转化思想，思维迁移突破空间障碍——化曲为直

高年段的学生基本明确数学学习前后之间是有联系的，他们已经能运用转化思想来解决数学学习中碰到的困难，只是由于每个学生对数学的掌握程度不同，思维迁移的训练还须加强。学习长方形正方形的面积需要用到边长为1cm的小正方形格子图，可迁移到学习长方体正方体的体积需要用到边长为1cm的小正方体摆一摆。学习平行四边形的面积需要转化成长方形的面积、学习三角形及梯形的面积需要转化成平行四边形的面积。

那么，圆的周长、圆的面积、圆柱的体积呢？曲线、曲面、曲体该如何转化呢？这时的转化对学生提出了更高的要求，学生需要突破空间障碍，化曲为直。教学圆的周长时，可以让学生拿一根线绕一圈，再拉直量一量，或是让学生将圆在纸上滚一圈得到一条直线量一量。学生自己动手操作运用，兴趣盎

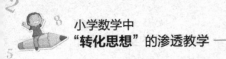
然，也对后续学习圆的面积、圆柱的体积有着指引作用。

同样地，在圆的面积教学过程中，先请学生把圆16等分以后，让他们动手拼成近似的平行图形，即用转化思想，通过"化曲为直"来达到化未知为已知的过程。学生经历剪、摆、拼以及多种感官共同参与活动，拼出已经学过的图形，从而推导出圆的面积公式。

总之，数学转化思想在小学的各个学段无处不在，我们带给学生不同阶段的认识，不应该只是知识、不应该只是给予、不应该只是短暂的某个学段，而更应该是一种长期训练并扎根于学生心间的思想方法。苏霍姆林斯基说过："在人的内心深处，都有一种根深蒂固的需要，那就是希望自己是一个发现者、研究者和探索者。"而扎根于学生心间的思想方法，正是引发学生去观察、去发现、去研究、去探索的重要武器，从而为每一个新知寻找到一个合适的生长点。

转化思想在小学数学中的应用

深圳市宝安区西乡小学　廖佩珊

数学思想，是指现实世界的空间形式和数量关系反映到人们的意识之中，经过思维活动而产生的结果。掌握数学思想，就是掌握数学的精髓。小学是学生学习数学的启蒙阶段，这一阶段让学生真正理解并掌握一些基本的数学思想显得尤为重要。

导语：教学实践经验证明，要在教学中灵活运用转化思想，融会贯通、举一反三，关键在于教师在平时的教学中应根据教学内容和学生的认知特点，探求相应的途径和方法，科学地归纳整理，不断加以完善。

为了学生的终身可持续发展，作为数学教师，我们应深入地了解和钻研数学思想方法；在教学中，不仅要重视显性的数学知识的教学，也要注重对学生进行数学思想方法的渗透和培养。转化思想是数学思想的核心，在教学中，应始终紧扣"转化"这根弦，这对提高学生的思维能力、分析问题和解决问题的能力是十分有效的。教师应把隐含在知识中的转化思想加以揭示和渗透，让学生明确转化思想的作用，体会运用转化思想的乐趣，提高学生的数学素养。

一、整体把握，注意挖掘教材中所蕴含的转化思想

数学知识中概念、法则、公式、性质等都明显地写在教材中，是有"形"的；而数学思想方法却隐含在数学知识体系里，是无"形"的，并且不成体系地散见于教材各章节中，关键是教师如何去发现、发掘教材中蕴含的转化思想。为此，我们有必要对此进行系统的梳理，在厘清知识网络的同时，系统了解数学思想方法在小学各阶段、各章节中的分布，如小学数学的教学内容中，加法与减法的转化、乘法与除法的转化、分数与小数的转化、除法、分数与比的转化、二维空间（平面图形）之间的转化、三维空间（立体图形）之间的转化、二维与三维空间之间的转化、数与形的转化等。这样才能结合双基的教学，有意识地向学生渗透，逐步培养他们初步地掌握相关的转化思想和方法。

数学教学论告诉我们，数学知识是数学思想的载体，进行数学思想方法教学时要注意以数学知识为载体，把隐藏于知识背后的思想方法揭示出来，使之明朗化，这样才能通过知识传授过程达到思想方法教学之目的。因此一节课结合具体教学内容考虑渗透哪些数学思想方法、怎么渗透、渗透到什么程度，教师都应有一个精心的设计和具体的要求。如《平行四边形的面积》一课的教学可以设计如下相关的教学目标：引导学生经历平行四边形面积计算的探究过程，初步理解转化思想，掌握方法，渗透"变与不变"的函数思想；培养学生分析、综合、抽象、概括和解决实际问题的能力，发展学生的空间观念。

二、探索途径，在教学中灵活应用转化思想

教学实践经验证明，要在教学中灵活运用转化思想，融会贯通、举一反三，其关键在于教师在平时的教学中应根据教学内容和学生的认知特点，探求相应的途径和方法，科学地归纳整理，不断加以完善。

任何客观事物都具有特殊和一般两方面的属性，特殊性既寓于一般性之

中，又从某些方面反映着一般性。

运用转化思想，既可以实现一般向特殊转化，使需求解决的具有一般性的问题转化为特殊形式来解决；也可以运用特殊向一般的转化，通过解决一般性问题而使得特殊问题得到解决。例如，低年级数学中关于数的性质、简单四则运算法则等规律性知识的教学，常常运用不完全归纳法把问题转化为特殊的、个别的应用题或图形、算式研究，通过观察、计算、分析、比较，然后归纳出具有一般性的结论。而关于图形认识的教学，一般都是通过对具体的、个别的图形的分析和研究而归纳出图形共同的本质属性。整体与局部的转化是转化思想常见的形式之一。运用分解与组合的方法，可以将较复杂的数学问题分解为几个较简单的问题来求解，这些解的组合便是原问题的解；也可以将原问题的局部或某些因数适当变换，转化为新问题来求解。这两种变换的目的都是用分解实现转化的。有时把待求解的数学问题与其他问题结合在一起做综合研究，或通过更广泛的问题求解，实现原问题的解决。这样的变换就是运用组合实现转化。分解与组合都是使所研究问题的关系或结构发生变换，以创设实现转化的条件。

人的认识总是从简单到复杂、从低级向高级发展的。解决数学问题可以运用由高级向低级转化的方法，化繁为简，化难为易。解方程所运用的消元、降次以及解决空间问题的降维等方法，都是高级向低级转化的方法。低年级数学教学中也广泛运用了这种转化形式，使问题得到简化。如"乘法口诀"的教学，要根据乘法的意义，把乘法转化为相同加数求和，从而编出口诀。

三、丰富体验，引导学生自觉应用转化思想

通过平时的教学渗透，可以说学生对转化思想有了一定的认识，但他们的认识是比较肤浅的。因此教师还要引导学生在解决问题的过程中进一步体会应用转化思想学习数学的优势，才能使学生深入地理解转化思想，并且有意识、自觉地加以应用，在其头脑中得以生根开花。如教学"求一个数的几倍是多少"的问题后，为了让学生理解掌握新知识，并加深体会、运用转化思想，我及时设计了这样几道题：①2的4倍是多少？②6的8倍是多少？③4的1倍是多少？④9米的5倍是多少米？⑤3元的7倍是多少元？首先跟学生说明这些都是我

们刚刚学到的"求一个数的几倍是多少"的知识。其次引导学生回顾刚才是如何学习新知识、解决数学问题的，进一步使学生明确，要求"一个数的几倍是多少"时，可以转化为已有的知识"求几个相同加数的和是多少，用乘法"，使学生进一步认识体会转化思想。最后启发引导学生用刚学的思想方法，解决上面五道题，增强了学生运用转化思想的意识，培养了学生自觉灵活运用转化思想的习惯。

正如著名的数学家乔治·波利亚所云："完善的思想方法犹如北极星，许多人通过它而找到了正确的道路。"在平时教学中，我们要努力挖掘数学知识中所蕴含的转化思想及其他数学思想，把握运用数学思想解决问题的机会，增强学生主动运用数学思想的意识，以此提高学生的数学能力，提升学生的数学素养，促进学生的全面发展，为学生的可持续发展奠定基础。

借助几何直观，渗透转化思想

——以《温度》教学为例

深圳市宝安区航城学校　罗宜填

《课标》指出：几何直观主要是指利用图形，描述和分析问题。也就是说利用"形"来解决数学问题，其立足点在于"形"，这是单边的解题策略。而且这个"形"可以是直接感知的、看到的、想到的，这个"数学问题"可以是"数"，也可以是"形"，或者是其他的数学问题，但都可以借助几何直观把复杂的数学问题转化得简明、形象；都可以借助几何直观探索解决问题的思路，预测结果；都可以借助几何直观帮助学生直观地理解数学。

转化思想是数学思想的核心和精髓，也是数学思想方法中最基本的一种，主要是指在研究和解决有关数学问题时，利用已有的知识和经验，采用某种手段将一个问题转化成另一个问题来解决，即将复杂问题转化为简单问题、将难解问题转化为易解问题、将未解问题转化为已解问题、将不规范的问题转化为规范的问题。简单地说就是将"新知"转化为"旧知",利用"旧知"解决"新知"。

而在转化思想的转化方式中最为典型的思想方法就是转化思想方法,就是在解决问题的过程中,把图形问题转化为代数问题,或者把代数问题转化为图形问题,使复杂问题简单化、抽象问题具体化,化难为易。简单地说,就是解决数学问题时,借助于"形"的直观来理解抽象的"数",或反过来运用"数"与"式"的描述来刻画"形"的特征。转化思想基本的形式就是"以形助数"和"以数解形"。

因此,本人认为,几何直观是转化思想的精细版,转化思想是几何直观的升级版。那么,在小学数学教学中如何借助几何直观教学,渗透转化思想呢?本人以北师大版四年级上册"生活中的负数"第一课时"温度"教学为例来诠释。

一、借"形"表征概念

心理学研究表明,小学生在认识和理解抽象数学概念的过程中主要是使用视觉直观来表征其本质特征的。在教学中教师需要向学生提供大量感性的、直观的材料,让学生在充分感知的基础上表征数学概念的本质特征,从而使抽象的数学概念具体化、生动化、形象化。

片段一:听天气预报,认识温度计

师:请同学们跟着老师一起来欣赏一段美妙的音乐。(播放中央电视台天气预报背景音乐。)

师:同学们猜一猜什么时候会播这个音乐?

生:播放天气预报时。

师:稍后请同学们认真听,听完后和大家一起分享你都听到了什么。(播放北京、漠河、西安、台北、拉萨五个城市的天气预报。)

师:请一个同学和大家分享下,你都听到了什么?

生1:北京最低气温零下2℃。

师:哦,你听到了气温有零下温度。摄氏度是什么呢?

生(齐答):是温度的单位。

师：同学们非常聪明，还有谁想说？

生2：我听到了漠河的温度都是在零下。

师：你是一个非常善于倾听的孩子，听得真仔细！

生3：我还听到台北的温度都是在零上。

师：你也听得很认真。看来温度有零上温度也有零下温度。今天老师带来了一个温度计，大家一起来认识它。

师：（出示温度计教具）请同学们认真观察，从温度计上你看到了什么？

生1：我看到了温度单位，℃。

师：还有别的发现吗？

生2：我看见了刻度线。

师：谁来补充？

生：一个小格表示一度。

师：你们观察得很仔细！还发现了什么？

生3：我还发现老师出示的温度计的0刻度是用红色标明的，我想0摄氏度应该是比较重要的吧。

师：还有补充吗？

生4：零以上的数字越来越大，零以下的数字也越来越大。0以上是零上的温度，0以下是零下的温度。

师：对了，你真善于观察，0在这里还真是比较重要。首先它是零上温度和零下温度的分界线；其次科学家们把水结冰的温度定为0摄氏度，在0摄氏度时冰水可以共存。

这种用"直接感知"的直观形象表征的数学概念，有助于学生理解，可以帮助学生强化对数学概念的记忆。当然，在利用实物进行教学时，教师除了应提供充分的形象材料让学生形成鲜明的表象外，还必须在此基础上引导学生分析和比较，及时抽象出概念的本质属性，使学生在主动建构数学概念的同时强化对相关概念的理解性记忆。

二、借"形"明晰概念

在学生从温度计与生活经验中对正、负数已有了初步的认识与感知后，此

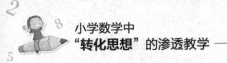

时可借助具体可感的直观形象来加强学生对正、负数概念的理解，帮助他们从整体上理解概念。

片段二：自主探索温度

师：刚才我们听到了北京的气温是零下2℃—5℃，现在请大家在作业纸上想办法表示出北京的最高气温和最低气温。（课件播放背景音乐，学生自主创作，教师巡视。）

师：老师找到了几位同学的作品，现在请这几位同学向大家说一说他们是如何表示的。

生1：我是把北京的最高气温和最低气温用画温度计的方法表示出来的，这样看起来一目了然。

师：真不错，刚认识了温度计，就用上了。

生2：我是用画图的方法表示的，先画一条分界线，零下2℃比它低所以画在下面，5℃比它高所以画在上面。

师：哦，也可以表示出大概意思。

生3：老师，他这样只能表示大概意思，具体多少温度不知道，我是用–2表示零下2℃，5表示5℃，我觉得这样既简单又明了。

师：在投影仪上同时展示这3位同学的作品。同学们觉得这3位同学的设计，哪种更好？

生：我觉得第3位同学的更好，既简洁又明了，我也是这样设计的，第1位同学画的温度计虽然比较清楚，但是比较麻烦。

师：你们的想法和科学家是一样的，为了便于沟通与交流，我们规定用"+"表示零上温度，读作正号，正号可以省略；用"–"表示零下温度，读作"负号"，负号不能省略。请刚才这位同学到黑板上把北京的最高气温和最低气温写出来。

师：–2℃读作：负2摄氏度；+5℃读作：正5摄氏度。

师：太棒了！如果告诉你一个温度，你能在温度计上找到它的位置吗？（出示北京的最高温度与最低温度。）

生：我是这样想的，零下2℃从0刻度这里向下数2格，零上5℃从0刻度这里向上数5格。

师：零下2℃、零上5℃表示什么意思？

生：零下2℃比0℃低2℃，零上5℃比0℃高5℃。

师：请同学们把其他4个城市的最高温度与最低温度表示在图上。

（生独立思考完成。）

师：组织全班交流。（说一说你是怎样标注的？这些温度是什么意思？）

生：漠河的温度我是这样标的……零下4℃就是比0℃低4℃，零下17℃就是比0℃低17℃。

师：仔细观察这些温度，有没有什么发现？把你的发现在小组内说一说。

生1：零上温度都在0℃的上面，零下温度都在0℃的下面。

生2：越往上表示温度越高，越往下表示温度越低。

生3：零上温度离0越远温度越高，零下温度离0越远温度越低。

这样借"形"把正、负数的概念形象化、具体化、生活化，学生看到图形就能联想到数，看到数就能联想到图形，可以帮助学生沟通"形"与"数"之间的本质关系。

三、借"形"深化概念

在理解概念本质的过程中，借助画线段图将数学概念转化成形象直观的图形来理解，也就是借助于"形"，把数学概念外显化、具体化，可以形象生动地展现数学概念的本质，有助于促进学生对数学概念的理解，在有机渗透转化思想方法的同时，提高学生的思维能力和问题解决能力。

片段三：比较零下温度的大小

师：同学们，下面我们一起来比较：北京（零下2℃）、漠河（零下17℃）、拉萨（零下4℃）这几个城市的最低气温，看看哪个更低？（学生先小组内讨论。）

生1：我觉得零下17℃最低，因为这三个温度中零下17℃在最下面。刚才说过，越往温度计的下面温度就越低。

生2：零下17℃最低，因为这几个数中，它在温度计的最下面，所以温度最低。

师：请你到黑板上，在温度计上把这三个温度都拨一拨，看看是不是这样?

生1：到黑板上拨出来三个温度。

师：谢谢，看来真是这样。

生2：我是这样想的，零上温度是度数越大，温度就越高；可零下温度刚好相反，度数越大，温度就越低。

师：真不错，你通过类别发现了规律。

师：既然我们已经知道了这些温度在温度计上的位置了，那我们可不可以借助温度计的0刻度来进行比较呢？

生：（全班疑惑没有反应。）

师：比如说，零下2℃比0℃低了2度。

生：（抢答）老师我明白了，零下4℃比0℃低了4度，因为零下2℃比0℃低2℃，所以零下4℃肯定比零下2℃要低。

生：（齐答）零下17℃比0℃低了17℃，所以零下17℃是最低的。

此环节，授课教师未能把几何直观教学的优越性充分发挥好。既然在之前已利用学生熟悉的温度计让学生初步了解"0"是正负数的分界点，体会正数与负数分别表示具有相反意义的数量。在此比较温度大小时应该再借温度计继续让学生理解其大小问题，还可以拓展将温度计通过顺时针旋转变成数轴，让学生初步建立数轴的模型。这样学生通过在数轴上找正、负数的确定位置，进一步体会正数与负数表示相反意义的数量，从而更好地理解负数的意义。另外，通过数与数轴上的点——对应关系，让学生直观感受和比较负数大小的方法，可以使学生初步体会数的排列顺序。

总之，借助"形"，可以生动、形象、直观地将许多抽象的数学概念形象化、简单化，实现"形"与"数"之间的互相转化，相互渗透。这不仅是问题解决中一种非常重要的解题策略，更是渗透转化思想中一种非常有效的教学策略。

（2017年度新世纪小学数学资源征集特等奖并发表于《新世纪小学数学》杂志2017年05期）

借助生成资源，渗透转化思想

——以《分数的再认识》为例

深圳市宝安区航城学校　罗宜填

众所周知，转化思想是小学数学学习中分析问题和解决问题最重要的、也是最基本的一种数学思想，它是从未知领域发展，通过数学元素之间的联系向已知领域转化，找出它们之间的本质联系从而解决问题的一种思想方法。它既包含了数学特有的数、式、形的相互转化，又包含了心理达标的转化。

所以，本人认为，要想提高学生获取数学基础知识与基本技能的能力，促进学生思维能力的发展，培养学生的创新能力；要想在开展课堂教学时更加游刃有余地进行渗透转化思想，至少做到以下几个方面。

一、学生在学习中渗透转化思想

作为一种学习策略——转化思想的掌握与获取数学基本知识与基本技能有着异曲同工之处，那就是通过观察、分析、联想、类比等思维过程，选择恰当的方法进行转化，也就是说学生有一个感知、领悟、分析、理解、掌握、应用的过程，而其在这个学习过程中是潜移默化的、润物细无声的，是长期的、逐步累积的。

片段一：对话交流，唤醒意义

师：今天老师给大家带来了一位老朋友，你认识吗？（出示分数 $\frac{3}{4}$。）

师：是谁呀？$\frac{3}{4}$ 可以表示什么？（出示表示什么。）请举例说一说。

生1：把一个苹果平均分成4份，其中3份就是 $\frac{3}{4}$。

生2：把一块饼平均分成4份，其中3份就是 $\frac{3}{4}$。

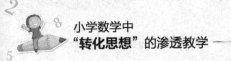

生3：把一个东西平均分成4份，其中3份就是 $\frac{3}{4}$ 。

…………

师：你能用你喜欢的方式来表示 $\frac{3}{4}$ 吗？你可以比一比，画一画，说一说，演一演。（学生独立思考、汇报）

生1：（伸手比画）

生2：把黑板面平均分成4份，取其中3份就是黑板面的 $\frac{3}{4}$ 。

生3：我们小组有4个人，这3个人就是小组的 $\frac{3}{4}$ 。

生4：我画了12个三角形，9个三角形就是全部的 $\frac{3}{4}$ 。

…………

师：同学们表示 $\frac{3}{4}$ 的方法真是多种多样，不过还真是有些神奇了，为什么

都可以用 $\frac{3}{4}$ 来表示呢？

生1：都是平均分成4份，

生2：因为它们平均分成4份，都取了其中的3份。

生3：不管它们是什么东西，只要平均分成4份，取了其中的3份就是 $\frac{3}{4}$ 。

生4：我补充一点，一个黑板面、一个苹果可以平均分成4份，4个人也可以分成4份，他画的12个三角形同样是平均分成4份，全部都是平均分成4份，取了3份就是 $\frac{3}{4}$ 。

师：你们听明白了吗？那他口中所说的"全部"是指什么？

生1：全部就是所有。

生2：全部就是这一组或是他画的一大堆三角形。

生3：全部就是把它们当作一个来看。

师：一组、一大堆、一个，是不是说不管有多少物体，我们都看作一个或是一样物体？也就是一个……（生答：整体）

师：那好，像他画的这样摆起来的三角形，涂色部分是这些三角形的 $\frac{3}{4}$，可是要是这样画出来的三角形，你能看出涂色部分表示这组图形的 $\frac{3}{4}$ 吗？如图1所示，你有什么办法让人一看就明白涂色部分就表示这组图形的 $\frac{3}{4}$？

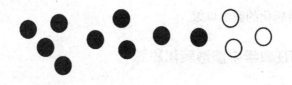

图1

生1：把它们3个3个分。

生2：我补充一下，就是3个3个地圈起来。（师：那请你来给大家圈一圈。）

生3：我觉得画一个大大的圈，再3个3个圈，这样看起来更清楚。

师：请问你为什么要画一个大大的圈？

生3：因为把它们看作"一个整体"。

师：这一圈让我们真正理解了什么叫一个整体，谢谢你！他的建议说明不管我们平均分的是物体还是图形，是一个还是多个，我们都称为"一个整体"！像这样，把一个整体平均分成若干份，取其中的一份或几份，可以用分数表示。

根据学生已有的知识经验，根据"$\frac{3}{4}$ 可以表示什么"，通过举例子，让学生用自己喜欢的方式来表示 $\frac{3}{4}$，唤醒学生对"分数意义"旧知识的认识。然后结合具体的情境，让学生经历概括分数意义的过程，理解"一个整体"，加深对"分数意义"的理解。通过多种多样的数学活动，把"什么是分数的意义"与"一个整体"这样抽象的概念转化成了学生熟知的、数学化的生活经验去突破、去理解，让学生更加直观、生动、有趣地明白"什么是一个整体""分数的意义是什么"。

反过来说，如果学生没有一定的基础知识和解决相似问题的经验，是没有办法运用转化思想去分析与解决数学问题的。因此，从上述教学片段中可以反映出，学生的数学基本知识越扎实、基本技能越强、数学活动经验越丰富、对数学知识本质与原理深化理解得越通透，在学习新的数学知识时，就越容易搭起新旧知识的桥梁，更能实现未知向已知的转化。正如著名的数学家C.A.雅洁卡娅曾在一次向数学奥林匹克参赛者发表题为《什么叫解题》的演讲时提出："解题就是把要解的题转化为已经解过的题。"这就是转化思想，一种从未知领域向已知领域转化的数学思想。

二、教师在教学中渗透转化思想

布卢姆在《教育目标分类学》一书中明确指出，数学转化思想就是"把问题元素从一种形式向另一种形式转化的能力"。换句话说，转化思想可以从语言描述向图形表示转化，或从语言表达向符号形式转化，或是将每一种情况反过来的转化。因此，要想培养学生掌握转化思想，有较强的转化意识，要想让学生在遇到数学问题时学会数学地思考，能借助数学本质与原理实现正迁移的话，要求数学教师自己要有转化思想意识，对教材、学生、课堂的解读也要从转化思想入手，对自己渗透转化思想。

片段二：相对比较，理解意义

师：老师这里有4袋彩笔，你能从每一袋彩笔中分别拿出 $\frac{1}{2}$ 吗？（请4位学生到讲台，并问台上学生）你们准备怎么拿呢？

预设：

生1：我先数一数我的彩笔一共有多少支。

生2：我准备把全部彩笔平均分成2份，拿出其中的一份就是 $\frac{1}{2}$。

师：请同学们猜一猜，他们都拿出各自彩笔总数的 $\frac{1}{2}$，拿出的数量会不会是一样的呢？

（学生拿出彩笔总数的 $\frac{1}{2}$，并汇报结果。）（板书。）

师：哎，这就奇怪了啊，同样都是拿出彩笔总数的 $\frac{1}{2}$，怎么他们拿出来的支数不一样，这是为什么呢？你们有没有拿错啊？

生1：因为彩笔的总数不一样。

生2：彩笔的总支数，也就是 $\frac{1}{2}$ 的整体不一样，所以拿出来的数量就不一样。

…………

师：总支数是不是真的像大家所说的不一样呢？请这4位同学把所有的彩笔都拿出来，并告诉大家总支数分别是多少支，$\frac{1}{2}$ 又分别是多少支。（板书）

生汇报彩笔总支数和 $\frac{1}{2}$ 所对应的具体数量。

师：根据大家所说，如果这里面有20支彩笔，那它的 $\frac{1}{2}$ 是多少支？如果有100支呢？你有什么发现？

小结：同样是取出 $\frac{1}{2}$，总支数越多，具体的数量也就越多。

师：请问在怎么样的情况下，他们拿出彩笔支数是一样的？

生：彩笔总数都一样的时候，拿出的数量就是一样的。

生：彩笔总数是8支的话，它们的 $\frac{1}{2}$ 就是4支。

师：那如果1号信封袋拿出彩笔总数的 $\frac{1}{2}$，3号信封袋拿出彩笔总数的 $\frac{1}{4}$，谁拿得多？

生1：一样多。

生2：1号信封袋拿出彩笔总数的 $\frac{1}{2}$ 是2支，3号信封袋拿出彩笔总数的 $\frac{1}{4}$ 也是2支。

生3：1号信封袋是平均分成2份，1份就是2支；3号信封袋是平均分成4份，1份也是2支。所以一样多。

师：通过拿彩笔这件事，相信同学们对分数有了一个新的认识，那就是同一个分数，所对应的整体不一样，那么分数所表示的具体数量也不一样。同一个分数，如果所对应的整体一样，那么分数所表示的具体数量也一样。

教材安排"拿彩笔"的活动，如果老师没有转化思想的意识，就教材教教材，只知道会拿 $\frac{1}{2}$ 所对应的数量是多少，其他没有任何过多的思考的话，那活动就白做了。因为这是学生已有的知识经验，无论是谁都能答出"$\frac{1}{2}$"是多少支。所以，教师在备课时要深入一点，把一个抽象的数学问题转化成生活问题，借助学生已有的知识经验，通过动手操作，合作探究，使学生体会，同样是"$\frac{1}{2}$"，拿出彩笔的数量可能一样，也可能不一样。这是因为原有的彩笔的总数有的一样，也有的不一样。"拿彩笔"是实物直观操作活动，从学生的生活经验和已有知识出发，把学生对分数的朦胧经验抽象成理论知识；同时，整个活动过程，注重为学生创设自主探索的空间，让学生在具体的情境中，在各种感官协调参与下深化理解分数的意义，理解分数表示多少的相对性，即体验"部分与整体"的相对性，发展其数感，深刻体会分数与生活的密切联系。这样，既发散了学生的思维，又促使学生在课堂中百花齐放，迸发出思维的火花；既有利于培养学生思维的灵活性，又有利于调动学生学习的积极性，有意识地提高学生分析与解决问题的能力，无形渗透了转化思想。

三、师生在互动中渗透转化思想

学生的学习过程也是一个从简单到复杂，由少到多，由浅到深的转化过程。

正如《分数的再认识》这节课的学习过程一样，在具体的情境中，学生经历概括分数意义的过程，从对"一个整体"的认识，到对"分数的意义"的深入理解，从而体会一个分数对应的"整体"不同，所表示的具体数量也不相同，深刻体会"整体"与"部分"的关系，感受分数表示多少的相对性。

片段三：整体认识，深化意义

师：我们继续来玩游戏。哪位同学敢来挑战呢？

（按次序出示。请1个同学站起来，请同学先后说出这位同学占小组人数、大组人数、全班人数、全年级人数、全校总人数的几分之几。）

师：请同学们想一想，同样是一个人，怎么可以用那么多不同的分数来表示呢？这又是为什么呀？

生1：因为人数在变化。

生2：因为总数一直在变化。就是整体是不同的，所以分数也就不同。

在这个学习过程中，让学生主动参与，从自身知识基础与经验出发，把基础认知与思维发展紧密联系起来，把新知转化成旧知，建立新旧知识的内在联系，促进新知识结构的建立，达到提高技能的目的。把数学与生活紧密联系，让数学用于生活，使学生体会到数学的价值和收获的快乐，体验到成功的喜悦，从而培养学生的转化意识，增强他们运用转化数学思想解决新问题的信心。

综上所述，从本节课学生与教师的学与教的过程中可以得出，在这学与教中渗透转化思想是一个漫长的、循序渐进的、呈螺旋上升的过程。而在这个过程中，学生的进步与退步、成功与失败、变化与发展都是他们不断地自我体验、自我实现的过程。这就是我们教师课堂教学中在充分发挥主导作用时所期待与梦想的过程——转化过程，这就是转化思想的魅力。因此，著名数学家笛卡儿将转化思想誉为"万能方法"。

谈一年级数学教学的点滴探索

深圳市宝安区西乡小学　周凤群

社会的进步引发和促使教育的变革，当新思想、新方法、新理念不断冲击我们时，也给我们提供了更多的思索和探究机会。随着学习内容的变化，教学内容的呈现方式、学生的学习方式、教与学的途径、空间等都有了一系列的变化，著名教育家布鲁纳指出："探索是数学的生命线。"数学这门学科，其根本特征是表达了一种探究精神。勇于探究的精神是数学创新学习的前提和基础，探究性学习应成为课堂教学实施创新学习的着力点，贯穿课堂教学的各个环节。教师应如何组织课堂教学，充分发挥新教材的优势，进一步突出学生的主体性，培养其创新精神和实践能力？通过尝试，本人对《课标》有了进一步的认识，并做了一点探索。

一、加强数学与生活经验的密切联系

生活中的数学对于幼儿来说，不是一无所知的，无论是生活经验还是学习中的基础知识，他们都有一些。但什么是数学，在儿童初学阶段，我们在引导认识的时候，不可能给出抽象的概念，而只能通过具体的内容，说明我们在使用数学知识，如家里有几口人，家住几单元，乘几路车，买雪糕用多少钱，一天吃多少米饭，等等。孩子们理解这些随时随地接触的东西时就用到了数学知识，从而也就有了初步的理解。在学习的过程中，新知识的学习如果建立在已有经验的基础上，学习的效率就会得到极大的提高。教师应注重学生的生活经验，加强数学与生活的密切联系，使学生学会用数学的眼光看待生活。在这种思想的指导下，新教材注重情境的创设，不仅选择了许多生活中的情境，也要求教师在教学的过程中自行设计情境。比如，求"多几少几"的问题时，教材通过毽球比赛展开问题讨论；学习"十几减9、减8"退位减法时，以小兔子买铅笔为背景，使学生感受到计算问题来自生活。再如，学习百以内数的认识时，先让学生估计100粒米有多少，再数出100粒米，看实际与估计的差别；在家里吃饭时，数数碗中剩下的饭粒有多少，从而在培养学生数感的过程中，渗透估算和思想教育的内容。

二、创设问题情境，培养探索精神

亚里士多德说："思维是从惊讶和问题开始的。"学生的创新想法、创造活动，往往来自对某个问题的兴趣和好奇心，而兴趣和好奇心又往往来自教师创设的问题情境。因此，教师要有意识地设疑，使学生因"疑"生奇，因"疑"生趣，积极探究创新。例如，在教学"认识物体"一课时，首先，本人用"魔方"这个学生非常熟悉的玩具引入课题，学生的积极性立刻被调动起来。接着，本人给每一个学生一套立体图形学具。学生接到后发现只不过是一些药盒、易拉罐、皮球等，如此而已，有什么巧妙之处呢？学生的好奇心、探索欲更加强烈了。这时，本人不急于讲授新知识，只是引导学生像玩"魔方"那样随心所欲地在课桌上摆弄，看一看，摸一摸，看能发现什么。学生个个兴致勃勃，争先恐后地拼摆，课堂气氛非常活跃。然后本人引导学生在小组、全班进行交流，介绍自己发现了什么。学生通过积极主动的参与，对不同形状的物体的特点有了全面的了解。本人由衷地赞赏学生所进行的探索，接着又提出挑战："如果同学们把各小组的学具合在一起，会拼成什么呢？"这次场面更加热烈了，我简直不敢相信孩子们的想象力是那么丰富：由简单的几何图形到复杂的实物，由现实的到虚拟的，由呆板的到带有故事情节的，真是应有尽有！其中有一个学生竟把全班同学的学具集中在一起拼出一个"美丽的图案"！这难道不是创新思维的萌动吗？我想，一堂好课不仅仅是学生学会某个知识，而应该是一个创新思维的起点。《认识物体》一节，学生听到下课铃响时所表现出来的是一种意犹未尽的神态，发出的是不情愿的长叹，这都说明学生的创新活动没有停止。我发现有三分之二的学生还在摆弄学具。试想，他们放学后，有了更多自由支配的时间，会创造出什么呢？我们应该使学生的创造欲望形成于课堂，满足于课外，伴随终生。

三、注重实践活动，培养学生的创新素质

波利亚说："学习任何知识的最佳途径是通过自己的实践活动去发现，因为这样发现理解最深，也最容易掌握内在的规律、性质和联系。"现代教育理论主张让学生动手去"做"科学，而不是用耳朵"听"科学。因此，教学要留给学生足够的时间和空间，让每个学生都有参与活动的机会，使学生在动手中学习，在动手中思维，在思维中动手，让学生在动手、思维的过程中探索、创新。

例如，在教学"比高矮"一课时，本人先请两位身高相差较大的同学站在前面，让大家判断他们两个谁高、谁矮。学生们一下子就判断出来了。紧接着，本人又请了两位身高相差不大的同学站在前面让大家接着判断谁高、谁矮。这一下学生可判断不出来了。该怎么办呢？"比个儿，"一个学生大声说。"大家会比个儿吗？同桌的两个小朋友可以互相比一比。"听到指令，学生立刻行动起来了。学生们的想法还真多，有的背靠背站着比，有的共同靠着墙站，然后标个记号比；有的面对面站着比；还有的并排站着比……然后，本人让比得最好的学生介绍并演示自己的方法。正当比得不好的学生因为没有展示自己的机会而遗憾时，本人也让他们谈一谈自己是怎样比的，总结一下自己

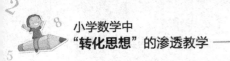
没有比好的原因。这样，使各个层次学生的心理都得到了满足，学生的主动性和创新性得到了有效的发挥，从而把创新意识转化为具体的创造行为。

四、发挥合作优势，开发学生创新潜能

合作研讨，即在课堂中学生以小组形式为学习群体，突出学生的协作与讨论，充分利用集体的力量，共同发现问题、解决问题，这样有利于学生的语言表达能力、写作能力、评价能力和创新素质的提高，小组内可以由不同性别、不同成绩、不同能力的学生组成，使优等生才能得到施展，中等生得到锻炼，差等生得到帮助，互相学习，取长补短，同时使学生的创新能力得到发展。例如，在教学《分类》第二节，按不同标准来分类时，本人让学生以4人一组的形式学习，每个人把自己文具盒里的铅笔都拿出来，集中在一起，摆放在桌子上，组内先观察，再讨论，最后动手把自己认为一样的分在一起。分完后，本人又请每一组派一个代表给大家汇报：你们组是怎样分的？是按什么标准分的？想了几种分法？

经过讨论交流，学生们想出了十几种不同的方法：（1）按铅笔的颜色分；（2）按铅笔的长短分；（3）按铅笔中有没有橡皮头分；（4）按铅笔有没有削过分；（5）按笔杆上有棱和没棱分；（6）按笔杆上的花纹分；（7）按有铅笔尖和没有铅笔尖分……学生分铅笔的方法之多，真是出乎我的意料。当我把学生的方法介绍给其他教师时，他们无不为学生的创造才能而惊叹、称赞。本人认为，这样教学，既发挥了学生之间的互补作用，又培养了学生的合作精神和创新意识，使学生的思路得以开拓，观察能力、操作能力和思维能力得到锻炼。

总之，教学应是教师引导学生不断探究，获取新知识的过程。这个过程应是生动活泼、丰富多彩的，是师生在共同思考、共同探究、共同体验中度过的，从而，使学生主动学习的能力不断获得提高。

渗透设计

《分数的再认识》教学设计

深圳市宝安区航城学校　罗宜填

一、教学内容

北师大版四年级数学上册第63-64页。

二、教学目标

（1）结合具体的情境，经历概括分数意义的过程，理解分数表示多的相对性。

（2）在具体的情境中，发展学生数感，让学生体会分数与生活的密切联系。

三、教材简析

在三年级时，学生已经结合情境和直观操作，初步理解了分数的意义，能认、读、写简单的分数，会计算简单的同分母分数加减法，能初步运用分数表示一些事物，解决一些简单的实际问题。本节教材通过创设"拿正方体""看书"等具体问题情境，使学生体会一个分数对应的"整体"不同，所表示的具体数量也不同，丰富学生对分数的认识，使学生进一步理解分数的意义。

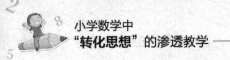
四、教学重难点

1. 教学重点

理解"一个整体",体会一个分数对应的"整体"不同,所表示的具体数量也不相同。

2. 教学难点

结合具体情境,体会"整体"与"部分"的关系,感受分数的相对性。

五、教具、学具准备

课件、展台、正方体、学习单。

六、教学过程

(一)了解起点,引入分数意义

1. $\frac{3}{4}$ 可以表示什么?

师:今天老师给大家带来了一位老朋友,你认识吗?(出示分数 $\frac{3}{4}$ 。)

师:是谁呀? $\frac{3}{4}$ 可以表示什么?(出示表示什么。)请举例说一说。

师:那能用你喜欢的方式来表示 $\frac{3}{4}$ 吗?可以比一比,画一画,说一说,演一演。(学生独立思考、汇报。)

师:同学们表示 $\frac{3}{4}$ 的方法真是多种多样,不过还真是有些神奇了,为什么都可以用 $\frac{3}{4}$ 来表示呢?

(引导:都是平均分成4份,取了其中的3份,这3份就是它们的 $\frac{3}{4}$ 。)

师:像这个图形,涂色部分是这个图形的 $\frac{3}{4}$ 吗?你是怎样看出涂色部分就是表示这组图形的 $\frac{3}{4}$ 的?你有什么办法让人一看就明白涂色部分就表示这组图形的 $\frac{3}{4}$?

（引导学生说出"看作一个整体"，并请学生以圈一圈的方法画出"一个整体"并平均分成4份。）

2. 引入分数的意义

（小结）师：不管我们平均分的对象是物体还是图形，是一个还是多个，我们都称为"一个整体"！像这样，把一个整体平均分成若干份，取其中的一份或几份，可以用分数表示。（板书）

这就像德国数学家所说，数学就是研究千变万化中不变的关系。今天，我们继续来认识分数这个老朋友，相信你会有新的发现。（揭示课题："分数的再认识（一）"。）

3. 画一画

一个图形的 $\frac{1}{4}$ 是 ![]。请拿出学习单2，画一画。（学生画）

（1）展示分享。

（2）思考：同样都表示出了一个图形的 $\frac{1}{4}$ 是 ![]，怎么出现这么多种不同的图形呀，这到底是为什么？

（引导学生理解一个分数"部分"的个数相同时，"整体"的个数也相同，但是，形状不一定相同。）

设计意图：根据学生的知识基础，又根据" $\frac{3}{4}$ 可以表示什么"，通过举例子，用喜欢的方式表示 $\frac{3}{4}$，进一步唤醒学生以往对分数的认识，揭示课题。开展"画一画"活动，是借助几何直观图形体会"一个图形的 $\frac{1}{4}$ 是 ![]"，但这个图形的形状有可能不一样。这样的设计，抛弃以往切入课题的浮华，通过两个知识复习，让以前学习过的分数知识再次明朗。师生间轻松的谈话，使分数的知识在学生脑海里一步步清晰起来，为后续学习打下基础。而"画一画"既有利于加深学生对分数的理解，体验"部分"与"整体"的关系，又有利于发展学生的空间想象能力。这三个小活动，说一说、找一找、画一画由直观到抽象再到直观，遵循知识螺旋上升的原则，让学生逐步掌握知识。

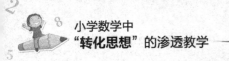

（二）创设情境，深化分数意义

活动：神奇的正方体

师：老师这里有4袋正方体，你能从每一袋正方体中分别拿出 $\frac{1}{2}$ 吗？

（教师请4位学生到讲台，并问台上学生）你们准备怎么拿呢？

预设：

生1：我先数一数我的正方体一共有多少个。

生2：我准备把全部正方体平均分成2份，拿出其中的一份就是 $\frac{1}{2}$ 。

师：请同学们猜一猜，他们都拿出各自正方体总数的 $\frac{1}{2}$ ，拿出的数量会不会是一样的呢？

（学生拿出正方体总数的 $\frac{1}{2}$ ，并汇报结果。）（板书）

师：这就奇怪了，同样都是拿出正方体总数的 $\frac{1}{2}$ ，怎么他们拿出来的个数不一样。这是为什么呢？你们有没有拿错啊？

师：总个数是不是真的像大家所说的不一样呢？请你们4位同学把所有的正方体都拿出来，并告诉大家总个数分别是多少个，$\frac{1}{2}$ 又分别是多少个。（板书）

（引导学生明白：总个数不一样，同样是 $\frac{1}{2}$ ，所表示的个数也不一样。）

师：根据大家所说，如果这里面有20个正方体，那它的 $\frac{1}{2}$ 是多少个？如果有100个呢？你有什么发现？

小结：同样是取出 $\frac{1}{2}$ ，总个数越多，具体的数量也就越多。

思考：

（1）在怎样的情况下，他们拿出的正方体个数是一样的？

（2）如果1号信封袋拿出正方体总数的 $\frac{1}{2}$ ，3号信封袋拿出正方体总数的 $\frac{1}{2}$ ，谁拿得多？

师：好了，同学们，我们现在来梳理一下，通过神奇的正方体这件事，相信同学们对分数有了一个新的认识，那就是同一个分数，所对应的整体不一样，那么分数所表示的具体数量也不一样。同一个分数，如果所对应的整体一样，那么分数所表示的具体数量则一样。

（设计意图：开展"拿正方体"的活动，通过动手操作，合作探究，使学生体会：同样是"$\frac{1}{2}$ 或 $\frac{1}{4}$"，正方体的数量可能一样，也可能不一样。这是因为原有的正方体的总数有的一样，有的不一样。"拿正方体"是实物直观操作活动，从学生的生活经验和已有知识出发，把学生对分数的朦胧经验抽象成理论知识；同时，整个活动过程，注重为学生创设自主探索的空间，让学生在动手实践、合作交流中，在各种感官协调参与下对分数意义进行建构。这样的活动发散了学生的思维，使学生在课堂中百花齐放，迸发出思维的火花，既有利于培养学生头脑的灵活性，又有利于调动学生的思维，有意识地提高学生解决问题的能力。）

（三）辨析应用，巩固分数意义

1. 一站到底

师：恭喜同学们对分数又多了一个新的认识，我们继续来玩游戏。哪位同学敢来挑战呢？

请一位同学站起来，请学生先后说出这位同学占小组人数、大组人数、全班人数、全年级人数、全校总人数的几分之几。

师：请同学们想一想，同样一个人，怎么可以用那么多不同的分数来表示呢？这又是为什么呀？

生：因为总数一直在变化。因为整体"1"是不同的，所以分数也就不同。

发散：你还能举出这样的例子吗？（板书）

2. 选一选

(1) 一根圆棒的 $\frac{1}{3}$ 是 ▭，这根圆棒是下面三根中的哪一根（见图1）？

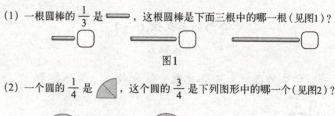

图1

(2) 一个圆的 $\frac{1}{4}$ 是 ◢，这个圆的 $\frac{3}{4}$ 是下列图形中的哪一个（见图2）？

图2

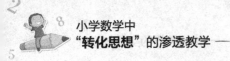

3. 填一填（见图3）

这些草莓的 $\frac{2}{3}$ 是（　）个。　　这些草莓的 $\frac{2}{3}$ 是（　）个。　　这些草莓的 $\frac{2}{3}$ 是（　）个。

图3

4. 看一看

3阶魔方的一个面中有4种颜色。

（1）每种颜色分别占整体总数的几分之几？

（2）要使红色个数占整体总数的 $\frac{1}{3}$，怎么改？

（设计意图：这一环节设计了"站一站、选一选、填一填、看一看"4个小游戏，力求体现基础性、层次性、趣味性，突出重点，突破难点。同时，利用新颖多样的题型，把基础认知与思维发展紧密结合起来，达到内化新知、形成技能、发展提高的目的。数学与生活紧密联系，将数学用于生活，使学生体会到数学的价值。）

（四）回顾反思，完善分数意义

师：分数再认识，再认识了什么？

总结：分数相同，对应的整体不同，所表示的具体的量就不同；具体数量相同，对应的整体不一样，用来表示的分数就不一样。

七、板书设计

分数的再认识（一）

一个整体

学生作品　　整体总数　　分数　　具体数量

八、设计意图

本课是在三年级下学期学习分数的基础上，让学生在动手操作的过程中，进一步认识和掌握分数的意义，体会"整体"与"部分"的关系，发展数感，体会数学与生活的密切联系。基于此，本人设计了三个活动：

活动一：借助"$\frac{3}{4}$ 可以表示什么？"这个问题，通过举例子、演一演、说一说、画一画等多种多样的活动让学生充分理解"一个整体"的内涵，使学生明白，不管一个还是多个物体（图形），都可以看作"一个整体"，平均分成若干份，取其中的一份或几份都可以用分数表示。然后，通过画一个图形的 $\frac{1}{4}$ 是 ▢▢，主要是想让学生体会"不同分数所表示的具体数量不一定不同，形状也会不一定相同"，让学生体验"部分与整体"的关系，从而加深对分数意义的理解。

活动二：拿正方体。其内涵就是让学生理解"分数相同，对应的整体不同，所表示的具体数量就不同"。围绕这个重、难点本人由浅入深设计了这样的活动：拿正方体的活动，这是我们教科书上的内容，是这节课的重点，本人让学生动手实践、质疑、验证，体会分数相同，对应的整体不同，所表示的具体的量就不同。同时，在这个活动中本人融入了3个问题：一是在什么样的情况下，拿出的正方体个数是一样的；二是1号信封袋拿出正方体总数的 $\frac{1}{2}$，3号信封袋拿出正方体总数的 $\frac{1}{4}$，谁拿得多？三是有20个正方体，那它的 $\frac{1}{2}$ 是多少支？如果有100个呢？通过这样的追问，深化学生对分数意义的理解，拓展到对同一个分数，对应的整体越大，分数所表示的具体数量也就越多。

活动三：一站到底。其内涵就是让学生明晰"具体数量相同，对应的整体不一样，用来表示的分数就不一样"。这是在让学生明白从"整体"到"部分"的关系后，更进一步地使学生完善从"部分"还原"整体"的过程。这样做不但体现出学生的丰富想象力，更使学生加深了对分数的理解。结合学生身边的生活例子，让1名学生说一说他占小组人数、大组人数、全班人数、全年级人数、全校总人数的几分之几？通过这样的生活实例让学生体会"具体数量相同，对应的整体不一样，用来表示的分数就不一样"。

"探索活动：平行四边形的面积"教学设计

深圳市宝安区西乡小学　吴锐洁

一、教学目标

（1）经历平行四边形面积猜想与验证的探究活动，体验数方格及割补法在探究中的应用，获得成功探究问题的体验。

（2）掌握平行四边形面积计算公式，并能正确计算平行四边形的面积。

（3）能运用平行四边形面积计算公式解决相关的实际问题。

二、教学重难点

1. 教学重点

掌握平行四边形面积计算公式，并能运用平行四边形面积计算公式解决相关的实际问题。

2. 教学难点

经历平行四边形面积猜想与验证的探究活动，推导平行四边形的面积计算公式。

三、课前准备

每个学生一张格子图，一个"小胖"平行四边形，两个底15cm高10cm的平行四边形（"小瘦"），一把剪刀，一个三角板！

四、教学设计

（一）播放视频：《曹冲称象》

师：同学们，《曹冲称象》的故事妇孺皆知，这个故事告诉我们什么道理，里面又蕴藏着什么数学秘密？谁能说一说？

今天，我们就一起运用"转化"的数学思想来探索平行四边形的面积。

（出示课题，并板书：平行四边形的面积）

（二）创设情境

（PPT）小胖说：我比你大，看我多胖呀！

小瘦说：我比你大，看我多高啊！

师：同学们，到底谁大呀？小胖和小瘦这是在比什么呢？

师：没错，比大小，就是比面积，那平行四边形的面积，怎么比呢？

预设学生回答。

生1：将两个平行四边形重叠，看谁露出来的多，谁就大？

生2：我觉得他们的面积是一样大的，两个平行四边形都给出了两条边的长度，像长方形面积一样，长×宽，那么平行四边形面积应该是6×5和3×10，是一样的。

生3：把它们分别放在格子图上，谁占的格子多，谁就大！

……（可能有学生说道：底×高，鼓励后续一起验证）

师：同学们都非常棒，把自己的想法与同学进行了分享，老师听了都受益匪浅。下面我们先用数格子的方法试着来验证验证，看看平行四边形的面积到底是怎样的？

（三）自主探索

1. 学生自主数格子

（每个学生拿出一个事先准备好的"小胖"平行四边形，两条邻边分别为6cm和5cm，6cm对应的高是3cm。让学生将"小胖"放在格子图上比画比画。提醒：格子图的边长是1cm，1小格就是1cm^2，2小格……；3小格……）

本环节学生容易数错，鼓励多个学生数完后先汇报再上台对应PPT进行解释，最后得到18cm^{2}的答案。

师：这说明了什么问题，你有什么发现呢？（指着板书：5×6≠3×10，问学生。）

估计学生一看就会发现：不能用"邻边×邻边"的方法来求平行四边形面积！

2. 学生动手剪拼平行四边形

师：那请同学们思考一下，能不能将平行四边形转化成我们熟悉的长方形？

（先请学生说一说，再让全班同学拿出自己事先准备好的两个平行四边形自己动手剪一剪、拼一拼！师巡导，注意选择不一样的方法让学生上台汇报展示。）

预设学生出现以下情况（先请学生上台汇报展示，再PPT展示）：

生1：剪成一个三角形和一个梯形，再拼成长方形。

生2：剪成两个梯形，再拼成长方形。

生3：剪成一个三角形、一个长方形和一个三角形，再拼成长方形。

…………

师：不同的剪拼方法，有什么相同之处？

生：相同之处——沿着高剪开，再拼成长方形。

3. 讨论平行四边形与长方形的关系

师：那拼成的长方形与原来的平行四边形有什么关系呢？

生1：面积一样。

生2：平行四边形的底相当于长方形的长，平行四边形的高相当于长方形的宽。

…………

（PPT展示动态过程，加深学生对转化过程的理解。）

（板书：长方形面积=长×宽，平行四边形面积=底×高。）

如果用字母S表示面积，a表示底，h表示高，因此……（板书：$S=ah$）。

4. 小练：明确底和高必须是对应的

（1）快速解答：底为5cm，高为3cm的平行四边形面积。

（要求学生先写公式再代入计算。）

（2）给出平行四边形的图以及不对应的底和高，底为12cm，不对应的高为15cm。

学生可能马上就用12×15来计算，这时，再给出另一条高为8cm，让学生明白求平行四边形的面积需要对应的底和高。

（四）巩固练习

（1）指出图中对应的底和高，并求平行四边形的面积。

（2）"小胖"和"小瘦"，到底谁比较大。需要什么条件？

课后思考：一个平行四边形广告牌的面积是12.8m²，高是0.8m。这条高对应的底是多少米？

（五）全课小结

通过这节课的学习你有什么收获呢？对平行四边形的面积你还有什么疑问吗？

五、设计亮点

（1）本节课始终遵循"学生为主体，教师为主导，探究为主线"进行教学设计。

（2）以两个大问题"能不能将平行四边形转化成我们熟悉的图形，比如长方形等"和"转化成的长方形与原来的平行四边形有什么关系"贯穿整节课，让学生经历"猜想——探索——验证"的过程，从而推导出平行四边形的面积计算公式。

（3）整节课从课前播放视频《曹冲称象》——课中平行四边形转化成长方形——全课小结，始终围绕"转化"的数学思想，让学生体验"转化"思想在数学学习和生活运用中的重要作用，使学生明白，转化思想的运用有时比知道一个图形面积计算公式更重要，为学生以后的学习打下良好的基础。

《找质数》教学设计

深圳市罗湖区向西小学　黄文钊

一、教学目标

（1）在用小正方形拼长方形的活动中，经历寻找质数与合数的过程，理解质数与合数的意义。

（2）能正确判断一个数是质数或合数。

（3）在研究质数的过程中丰富对数学发展的认识，感受数学文化的魅力。

二、课前准备

（1）课件PPT。

（2）14个小组的小正方形，每组16个。

（3）研究单（附录）。

三、教学过程

（1）由上一节课《找因数》、12个小正方形拼法和找12的因数的回忆，展开本节课。同时，提出新的问题——"研究单"，让学生小组合作完成。

设计意图：在学生的最近发展区展开本节课，同时这个活动适合学生做，有利于激发学生的学习动机。

（2）学生小组合作完成研究单，并在完成的基础上讨论发现了什么。

设计意图：增加学生数学活动的经验，提高学生小组合作能力和语言表达能力。

（3）请学生根据小组完成的研究单，汇报完成的成果。

（4）在上一环节的基础上，给予学生一点观察和思考研究单的时间。接着，提问学生你发现了什么。

预设学生回答：

① 我发现有些数只能拼成1种长方形，有些能拼成2种。追问：为什么有的只能拼1种，有的能拼2种呢？跟什么有关呢？

② 有的数有2个因数，有的有3个因数，有的有4个因数。追问：这些数因数的个数与能拼成几种长方形有什么关系？

③5的因数只有1和5两个。追问：还有没有类似5的情况的数。

设计意图：引导学生发现这个数、因数个数与拼法种数之间的关系，为后面的分类做准备。

（5）在讨论清楚有些数只有2个因数、只有1种拼法和有的有2个以上因数、多种拼法后，让学生尝试根据因数的个数分类并说说这样分的原因。

设计意图：让学生融汇讨论的结果，根据自己的想法分类，只要合理都可以。再根据一个标准引出质数、合数的分类。

（6）在学生分类的基础上，引出质数和合数的含义。让学生找出关键字词，并举例说明。接着把2到12按质数与合数分类。

设计意图：让学生加深对质数和合数的理解。

（7）学生已经会把2到12的数分质数和合数了，接着让学生把其他自然数也按质数和合数分一分。

提问：①0应该是质数还是合数呢？②1呢？是质数还是合数？

设计意图：其实这里挖了一个陷阱，旨在让学生积极辩论，进一步加深对倍数和因数研究范围、质数和合数的理解。

（8）完成课本P40练一练的第1题。

（9）完成课本P40练一练的第2题。

（10）今天你学会了什么？

设计意图：回顾这节课，加深对这节课的知识的记忆。

四、板书设计

质数： 合数：	课件PPT	0： 1：

2014年10月28日

附：

小正方形个数（n）	能拼成几种长方形	n的因数
2		
3		
4		
5		
6		
7		
8		
9		
10		
11		
12		

你发现了：

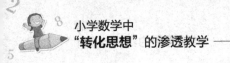
《找质数》的教学反思

《找质数》这节课是北师大版五年级上册第三单元的最后一课，也是整个单元的重点和难点。上课前的两个星期本人有意识地把整个单元的课背了第一遍，对整个单元有了全面的了解。上课前一天，第二次备课，对《找质数》有了不一样的理解。质数的学习要在找因数的基础上学习，同时要在懂得2、3、5的倍数的特征下学习。

在设计的时候，本人觉得条理很清晰，节奏紧凑，逻辑合理，自我感觉是不错的，也让本人对二次备课有了不一样的好感，相信会做好二次备课。

本人的经验还是不足，有些方面备课时考虑不够细致，到了真正上课有了不一样的情况。

（1）讨论发现研究汇报时，预设的3个问题学生可能会回答，基本没有出现，出现了其他方面的回答。当时对学生的回答"每个数最大的因数是它本身，最小的因数是1"，颇感惊讶，本人很肯定学生的回答，也给予了评价。

（2）讨论研究发现汇报时，没有及时板书学生的发现，形成条理明确的文字，过渡过于急躁，过于快速讲出质数和合数的含义。上课时，这个部分有点担心自己讲不好，过快地跳过了。总的来说，这里质数和合数的含义没有讨论透彻。

（3）安排每个部分的时间不够合理，安排的内容过多，使得未能按照课程设计完成本节课。

（4）安排练一练第2题的目的没有达到，题目数量过多，占用过多时间。可以把这个练习与第1个练习衔接，问：之前我们都可以借助小正方形来得出质数和合数，现在没有24块小正方形，我可以怎么判断？促使学生运用之前的知识来解决，得出快速分辨合数的方法。

综上，自己的经验还是不足，需要虚心求教，多听课；备学生的想法的面还不够广，需要多走近学生，多做调研；课堂上的教育机智还需要磨炼，多锻炼自己的思维；粉笔字的书写有待进一步提高。

2014年10月29日

《找规律》教学设计

潮州市绵德小学　唐菁

一、教学内容

人教版小学一年级数学下册第88页。

二、教学目标

（1）让学生发现、经历、探究图形和数字简单的排列规律，通过比较，理解并掌握找规律的方法，培养学生初步的观察、操作、推理能力。

（2）在教学过程中，发展合理的推理能力，并合理、清晰地阐述自己的观点。

（3）让学生在合作中逐步形成评价与反思的意识。

（4）培养学生发现和欣赏数学美的意识，感受到生活中处处有数学。

三、教学重难点

1. 教学重点

通过观察、猜测、交流等活动发现简单的图形排列规律。

2. 教学难点

建立探寻规律的意识，掌握发现规律的方法，提高运用规律的思维能力。

四、教学过程

（一）课前音乐互动，引入新课教学

（播放音乐《小苹果》。）

师：大家会唱吗？一起来！（边听唱，边打节拍，边比画动作）

生：——

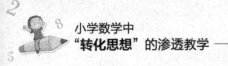

（上课）

师：哇，你们太厉害了，这么快就把这首歌的动作都学会了，太棒了！大家有没有发现，刚才这组动作其实是有一定规律的。有了规律，就方便我们进行记忆。有规律的事物，不但方便我们记忆，还能带给我们美的享受！今天这节课，我们就一起来《找规律》。

板书：《找规律》。（生齐读课题）

（二）找规律

1. 主题图的发现

师：孩子们，有一个属于你们的节日马上就要到来了，你们知道是什么节日吗？

生：——

师：我们学校的同学都已经在为六一节的联欢会做准备了，想不想跟老师一块去看看？

生：——

（出示课本主题图）

师：你们看，排练的现场布置得这么漂亮。咦，仔细观察观察，你们有什么发现吗？

生：——

师：刚刚大家都说得非常好，那接下来我们一起来看看大家的发现里面有什么规律。你们想先看哪组呢？

（由学生自己选择，一起发现规律）

师：好，那我们就先来看看排列规律。谁先来说一说？

生：——

师：如果我们一直这样说下去的话，是不是很累呀？那有没有好办法让大家一看或一听就很清楚、很明白呢？

生：——

（引导学生从"一组、重复"方面考虑）

师：又是——；又是——。它们是一组，而且后面每一组都和前面那组是一样的、重复排列的。

（课件演示，板书：一组，重复排列）

师：所以我们说排列规律是"按……为一组，重复排列"。

（完整板书）

师：跟老师一起说一遍。

2. 继续寻找其他规律

（继续出示主题图）

师：刚刚我们已经找到了排列的规律了，你还能说说其他的排列规律吗？

生：——

3. 探索小朋友围圈规律

生1：男一女。

生2：一女一男。

师：这些小朋友围成圆圈，如果从男同学开始看，就是一男一女；如果从女同学开始看，就是一女一男。明白吗？

（三）用规律

师：刚才我们一起找到了很多规律，接下来，老师想看看大家能不能运用规律来解决问题。

猜一猜，这个是什么？

（解决第1、2题）

师：刚才我们已经找了实物的规律、图形的规律。猜一猜，下面会出现什么呢？

生：——

（解决第3题）

（四）发现规律

师：其实，规律就在我们的身边，生活中还有哪些规律呀？

生：——

师：下面，跟着老师一起来欣赏生活中有规律的美。

（带着神秘感的图片，先猜再出示）

师：大自然是不是很神奇呀？除了事物有规律，声音、动作也是可以有规律的。

（教师示范，学生一起做）

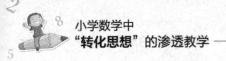
（五）创作规律

师：刚才我们已经学会了找规律、用规律、欣赏了规律的美，接下来，老师想让大家来创作规律。请利用A4纸、彩色笔、印章和贴纸，创作自己喜欢的规律！如果你不想涂也不想画的话，你也可以创作有规律的声音或动作。

（巡视过程发现不同形式的规律，收集后，上台展示）

（六）分享收获

师：还没有完成创作的同学也不用紧张，我们课后再继续完成，然后将你的作品送给爸爸妈妈，好吗？

时间过得很快，经过这节课的学习，你有想跟老师分享的收获吗？

生：——

师：生活中，规律是无处不在的，有了规律，我们的生活才变得更加美好。只要多观察、多动脑，相信你们会创造出更多、更有新意、更加美丽的规律。

五、板书设计

找规律

按_____为一组，重复排列。

《体积与容积》教学设计

深圳市宝安区西乡小学　吴锐洁

一、教学内容

北师大版五年级下册第四单元第36、37页的内容。

二、教学目标

（1）设置具体的实验活动，让学生学会用一种科学严谨的态度进行实验操作，并在实验中收获数学知识。

（2）在操作交流中，初步理解体积与容积的概念，同时感受物体体积的大小，进一步发展空间观念。

三、教学重难点

1. 教学重点

在具体的实验活动中学会科学严谨的态度，初步理解体积与容积的概念。

2. 教学难点

操作交流中感受物体体积的大小，进一步发展空间观念。

四、课前准备

一个塑料透明水盅，两个500mL量杯，两个容积差不多的水杯，两个盒子（体积一样，容积不一样），两个纸杯，一个鸡蛋，一个土豆，一块红薯（体积差不多）。

五、教学过程

1. 魔术引入，激发兴趣

（1）魔术过程：事先准备两个纸杯、一个鸡蛋，展示两个形状、大小、颜色一模一样的空纸杯，一个装满水，然后倒入另一个。

问1：仔细观察，你发现了什么现象？

生：水溢出来了。

问2：猜一猜，为什么完全相同的水杯却装不下同样多的水呢？

生猜测：另一个水杯可能里面有东西。

问3：为什么有这个鸡蛋就装不下这些水了呢？

生：因为鸡蛋把水挤出来了。

生：因为鸡蛋占了位置（通俗说法）。

生：因为鸡蛋占了空间（科学说法）。

（板书：占空间）

追问：鸡蛋到底占了谁的空间呢？

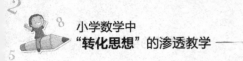

（设计意图：目的在于让学生更深刻地体会鸡蛋占的空间其实就是溢出来的水的体积，为后续学习"有趣的测量"打下良好的基础）

（2）找找教室里哪些物体占了一定的空间。

说说哪些物体占的空间大，哪些物体占的空间小。

（板书：大小）

2. 探索新知，引出概念

（1）体积概念。

师：物体占的空间有大有小，那请大家看看，老师手中的红薯和土豆，你能说说它们谁占的空间比较大吗？

生：我认为红薯占的空间比较大。

生：我认为土豆占的空间比较大。

师：看来同学们有不同的想法，你能想办法来验证一下吗？与同伴交流你的看法。

（学生交流，教师巡导）

生汇报：在两个杯中倒水，然后一个水杯放红薯，一个水杯放土豆，看谁溢出来的水多。

（此处学生受课前魔术的影响，可能会想到"看谁溢出来的水多"的方法）

师：对这种方法，你想说什么？有什么补充吗？

（生质疑补充：水一定溢出来吗？）

生：水不一定溢出来。

生：可以在水满后把红薯和土豆拿出来，谁剩下的水多，说明占的空间小；谁剩下的水少，说明占的空间大。

师：你们觉得这样可以吗？你想对他说什么？

生：这样的话，手进去拿的时候，手会把水挤出来，而且土豆、红薯都沾了水，测量结果不是很准确。

师：这名同学思考得很严谨，这就是我们做实验要追求的一种非常重要的态度。那你们觉得到底水溢出来好还是不溢出来好？

生：水可以不溢出来，不要装太多的水。

师：那现在请大家先独立思考，再跟同伴交流：在这个实验过程中，我们到底要注意什么？

学生独立思考之后同伴交流，教师巡导。

学生反馈：

① 事先要准备两个同样大小的量杯；

② 两个量杯都倒入同样多且适量的水；

③ 倒入量杯的水要保证土豆和红薯放入水中后水不会溢出来，而且土豆和红薯完全浸没在水中；

④ 观察量杯中的水对应的刻度，一定要保证量杯平放在桌面上，而且眼睛和水保持在同一水平线上观察。

（设计意图：主要是为了培养学生科学严谨的实验态度和思维方式，不仅要让学生懂得怎么做一件事，更要懂得如何做好一件事，这对于后续学生操作实验的课堂有较好的引导作用）

请一名学生上台操作实验过程（条件允许的情况下可让学生分组实验），其他学生注意认真观察，实验后说说自己有什么发现。

师：通过刚才的实验，我们知道了物体所占的空间有大有小，我们把物体所占空间的大小叫作物体的体积。

师：快速回答，土豆和红薯，哪个体积大？

（2）容积概念。

师：刚才我们是比较土豆和红薯的体积哪个大，那液态的呢？怎么比较？

老师这里有两个容器，我想知道哪个杯子能装的水的体积大，你们有什么好办法帮帮我呀？

生：可以将两个杯子都装满水，然后再分别倒入同样大小的量杯中，看到底哪个量杯的水多，就知道谁能装的水的体积大了。

师：同学们，听懂了吗？刚才这位同学说到了一个关键词，非常好，谁知道是哪个词？

生：同样大小的量杯。（在前面实验严谨性引导的基础上，学生更在意后面实验过程中要注意的地方）

生：装满水。

（板书：装满水）

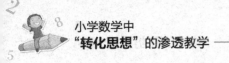

师：同学们，你们分析得很透彻，非常棒，要装满水。还有其他方法吗？能不能不用两个杯子都装满水，只一个杯子装满水呢？

生：将一个杯子（A）装满水，然后倒入另一个杯子（B）中：如果不够满说明第一个装满水的水杯能装的水的体积比较小；如果装满水而且溢出来说明第一个装满水的水杯能装的水的体积比较大；如果另一个杯子刚好也被装满，说明两个水杯能装的水的体积一样。

师：同学们，你们觉得这样可以吗？那我们就用这种方法来试一试。请回答的同学上台做实验，实验前先说说要注意什么。（一是装满水；二是倒的过程水不能溢出来）

（一名同学实验，其他同学注意认真观察）

师：这说明了什么？谁能将自己的发现跟大家说一说。

生：A杯子能装的水比较多，B杯子能装的水比较少。

师：A杯子能装的水比较多说明A杯子所能容纳的体积大；B杯子能装的水比较少说明B杯子所能容纳的体积小。像这样，杯子全部装满时，里面水的体积就是杯子的容积。我们统一归纳为：容器所能容纳物体的体积叫作容器的容积。

3. 区分体积与容积

（1）体积与容积的联系和区别。

师：刚才我们一起认识了"体积"和"容积"，它们之间有着密切的联系和区别，请与你的同伴交流，说说体积和容积的联系和区别。

估计学生可能会从概念上，或举生活的例子来说。

① 所有的物体都有体积，但只有能装东西的物体才有容积；

② 体积是从外部看的，容积是从内部看的；

③ 同一个物体，体积一般大于容积；

④ 体积一样的物体，容积不一定一样。（教师展示两个一模一样体积相等的盒子，让学生猜一猜容积是否相等，为什么）

师：一般情况下，同一个物体，体积大于容积。平时学习时，有时瓶子很薄，我们忽略不计，容积几乎等于体积，但真实情况中容积永远比体积小。

（2）体积与容积的实例理解。

师：饮料瓶上的净含量是什么意思？

比如：益力多100mL表示什么？

A. 益力多盒子的体积　　B. 益力多盒子的容积　　C. 益力多中奶的体积

师：这瓶益力多的体积应该是什么？容积应该是什么？

生：体积应该是益力多从外部看所占的空间，容积应该是益力多盒子里装满水后里面水的体积。

4. 反馈总结，收获新知

师：同学们，这节课你有什么收获？

生：……

师：同学们都很善于总结，这节课我们不仅学习了什么是体积与容积，更重要的是老师看到大家都善于观察、善于思考、善于倾听、善于分享，这些都是我们非常重要的学习方法，希望同学们能把这些好的学习方法用到以后的学习中。

听课感悟：

概念教学的本质就是让学生理解其意义，但必须建立在直观形象的物体上，让学生在充分体验和感悟的过程中，动手，动眼，动口，动脑，"四动"齐头并行。说实话，要想让学生理解几何图形的概念，建立空间观念，实属不易。因为太抽象了，五年级的学生已经学会了平面图形的相关知识以及立体图形的部分知识，但实质上大部分学生未必能建立良好的空间观念。这就需要我们在课堂上提供更多的直观素材让学生来体验和感悟！

一、素材新颖，提高学习兴趣

《课标》提出：数学教学，应从学生已有的知识经验出发，让学生亲身经历特定的教学活动获得一些体验，并通过自主探索、合作交流的方式，将实际问题抽象成数学模型，并对此进行理解和应用。教育源于生活，又要运用于生活，因而我们的课堂教学更不能脱离生活。本课利用"魔术游戏"和"土豆和红薯"两个非常有意思又有意义的数学素材，让学生学会了从现实生活中将出数学知识抽象，真正明白生活中处处有数学，理解对数学的感知是建立在生活经验的基础上的，从而变被动学习为主动学习，并有兴趣去研究，从而建立对

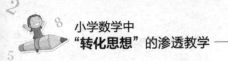
体积与容积概念的表象。

二、吸引注意，培养学习能力

教师要有一种教育意识，那就是学生不是接受知识的容器，他们就像可点燃的火把；他们不是"配角"，而是"主体"；我们的课堂不是教师表演的舞台，而是学生合作学习的平台。在这节课中，教师利用测量"土豆与红薯"谁的体积大的实验活动吸引学生的注意力，引起学生的高度关注，学生边观察边思考其操作要领是否正确，不断地调整自己的实验步骤。让学生边操作实验边口述自己的实验过程，边提问同学边质疑其实验结果，这样才是真正培养学生自主学习能力。有效的课堂教学不是看教师讲了什么、讲得如何、教了多少数学知识，而是看学生是否积极主动参与学习研究。

三、自主探索，渗透数学思想

《课标》要求我们教师的教学以学生自主、主动进行探索、发现，获取知识，渗透数学思想方法，积累丰富的数学活动经验为目的，以发挥师生、生生、生本互动作用为保证，强调学生自主、主动参与探索，辅之以教师适时、适度、适当的引导和点拨，从而培养学生的创新意识。因此，本节课中教师主要就是在学生自主探索与交流中，不断地创设各种问题情境，培养学生的问题意识，让学生在思辨的过程中不断地对探索的内容进行辨析；给学生提供足够的探索空间与时间，让学生在探索性的活动中梳理研究的数学知识，深入理解体积与容积的区别，从而建立空间观念。同时，提倡将学生的独立思考与分享交流相结合，把学习的主动权真正交给学生，让学生带着问题大胆探索，从而锻炼其创新能力。就如同苏霍姆林斯基所说的："在人的心灵深处，都有一种根深蒂固的需要，就是希望自己是一个发现者、研究者、探索者。"

学生作品

画图的重要性

深圳市宝安区西乡小学五（2）班　王菲菲

　　最近，我们学习了分数的加减乘除。尽管这一科目很难，但罗老师的教学方法使我觉得学习起来很简单。

　　刚接触分数是在四年级的时候。那时候，只知道分数就是平均分，完全不知道分数还可以加减乘除。这天，我们学习了分数的除法。

　　刚开始，罗老师并没有告诉我们今天上课的题目，而是给了我们两个长方形，一个让我们画出七分之四乘二分之一，另一个让我们画出七分之四分成两份取其中一份。画完之后，罗老师让我们仔细研究。我们惊奇地发现，两个画出来竟然是一样的！可是，两个的算法是不一样的。第一个是分数乘法，我们都知道。可是，第二个我们就只知道答案，却怎么也想不到算式。罗老师见状，提醒了我们一句："如果你在知道答案的情况下想，就是错的。"我突然灵机一动，把七分之四分成两份取其中一份，这算式应该是除法！分成两份，不就是平均分吗？所以，算式应该是七分之四除以二。罗老师说："我们可以看出乘法和除法的答案得出来是一样的。可是，仔细观察，它们的乘数和除数是不一样的。一个是二，而另一个是它的倒数二分之一。为什么？这是因为乘法和除法是相反的，所以才乘以倒数。我编了个口诀，除变乘，变倒数！记住了吗？"我心里想，除法本是不能算的，可是因为转化为乘法而可以计算了；当乘法也无法计算时，可以靠加法；而加法呢，

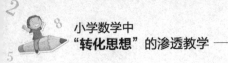
恰恰来源于画图。

也许，这就是画图的重要性吧！

我心中的一节数学课

深圳市宝安区西乡小学五（2）班　伍若梅

五年级了，我本以为数学很难懂、很可怕。可事实不是这样的，我觉得数学很简单，学起来真是小菜一碟！我进步那么大，都是因为有一位好老师。那位老师可是一个"五四青年"——他就是罗宜填老师。他上课可以让我们"笑得肚子痛"——幽默。他可亲可爱，也有耐心教我们不会的题目。我以前考七八十分，现在考八九十分。

他在课上用幽默的方式来教我们怎么写，用别的班的老师不知道的方法来教我们，用我们同学的智慧来教我们，用道具来教我们……

罗老师讲得最生动的一节课是长方体的容积和体积。那一次是他拿道具最多的一次：1个装有1000个小正方形的粉笔盒；3个长棍子；2个长方形，1个正方形，1个装满水的长方形的盒子，1个本子……真是说不完啊！

我在那节课学到了许多知识，如物体所占空间的大小是物体的体积；容器所能容纳物体的体积，是容器的容积；求长方体的体积、正方体的体积，等等。

罗老师给我们带来的知识真是五彩缤纷，多姿多彩……

在活动中学习数学

深圳市宝安区振兴学校五（2）班　王琳佳

"丁零零，丁零零。"上课铃响了，这一节数学老师带我们去电教室上课，我们今天学的是《组合图形的面积》。老师首先给我们发了一张纸，上面画着这样一个图形　　　。老师说："先同桌交流，把面积计算方法写在上面。"

我一看，可傻眼了，心想："我只学过正方形、长方形、三角形、梯形和平行四边形的面积，该图形既不是正方形，也不是长方形，这叫我怎么算啊！"

我绞尽脑汁地想，想到了切割法，把　　　分割成　　　，首先我想到了梯形的面积公式——$(a+b) \times h \div 2$，所以我就用梯形的（上底+下底）×高÷2，分别算出这两个梯形的面积，相加就得出这个组合图形的面积了。

我又把　　　割成了　　　，一个长方形和一个正方形，正方形的面积是边长×边长，再算出长方形的面积长×宽，最后，我又用小正方形的面积加上小长方形的面积就等于这个组合图形的面积了。

老师说让我们和同桌互相说一说自己的方法，讨论结束后我向老师说了我的第二种方法，同学们还有许多方法，不过我的方法是最简便的，老师表扬了我，我十分高兴。

"丁零零，丁零零。"下课了，我却还有些意犹未尽。从这节课中，我学会了用转化的数学思想来把较复杂的组合图形转化成几个基本图形，利用面积公式来计算面积。还有，学习数学必须有方法，比如迁移、转化等很多方法。用动手操作来实践，这让我对数学不再畏惧。学习数学明白了要选择适用的解决方法，还要学会举一反三。

点评：组合图形，从不同的角度认识，每个图形均可分为相应的几个部分。由于学生的认知背景和思维方式不同，会产生不同的分法。琳佳在思考的过程中用了分割的方法。一种是分割成两个梯形，另外一种是分割成一个正方形和一个长方形。在展示方法时，琳佳选择了第二种方法。从这个小细节可以看出她很善于思考，会在不同的方法中选择简单合适的方法。学生水到渠成地认识到要根据题中条件，选择合适、简便的方法把组合图形转化成基本图形再来计算，也感受到选择方法的必要性，巧妙地突破了本节课的一个难点。

"动"起来的数学课

深圳市宝安区西乡小学四（3）班　郑怡然

著名的数学家赫尔曼·外尔曾说过："数学是无穷的科学。"所以我们要不断研究、不断探索，才会发现数学其中的奥秘。数学课上的操作活动就是我不断探索数学奥秘的途径之一，同时是我重要的学习方式。

我们在学习《三角形的内角和》这节课时，为了让我们知道三角形的内角和是多少，老师让我们通过操作活动进行验证。在操作活动之前，我们先分成若干个小组并选出组长，由组长带领我们来验证老师给我们发的锐角三角形、直角三角形、钝角三角形等不同类型的三角形的内角和。

活动开始了！我们小组的成员都迫不及待地开始讨论、交流各自的方法。刚开始我们都觉得用量角器来"量一量"，先量出三角形三个内角的度数，再把它们加起来就是这个三角形的内角和。当我们算出结果后，一个个都傻眼了。琳佳验证的是直角三角形，她算的内角和是183°；周思成验证的是钝角三角形，他算出的内角和是179°；我和组长李伯良验证的都是直角三角形，我算出的内角和的度数是180°，而李伯良的却是182°。三角形的内角和怎么都不一样呢？我和李伯良验证的都是直角三角形，结果竟然也不一样。问题到底出在哪了呢？我眼睛一亮：知道了！我们的量角器不一样啊！原来量角器不一样，在测量的时候会产生误差，于是导致内角和有这么多不同的答案。

其他同学发现可以用剪一剪的方式，把三角形剪成三个小三角形，拼成一个平角，平角是180°，就可以得知三角形的内角和等于180°。

我们通过动手操作，利用转化的数学思想，把三角形的三个内角拼成一个平角，已知平角等于180°，所以三角形的内角和等于180°。不管多大或多小的三角形，内角和都是180°。

通过拼凑、剪切、计算去探索，发现数学的规律，掌握数学知识，这样既培养了我们的动手操作能力，也提高了我们的组织能力，也让我们体会到了成功的乐趣，让数学课堂真的"活"了起来。我不再认为数学是枯燥无味的了，数学课变得有趣起来，也使我对数学充满兴趣。

点评：郑怡然是一个很会学习的孩子，在文章中阐述了自己通过小组合作验证三角形的内角和是多少的探究、思考、得出结论的全过程。在活动中先是用量角器"量一量"产生了争议。由于量角器不同会产生误差，所以又进行讨论、交流、动手操作验证等，想出用"剪拼""折拼"的方法，把三角形的三个内角拼成一个平角，因为平角的度数是180°，运用知识的迁移得出三角形的内角和是180°。在动手操作、积极探索的活动过程中掌握知识，不仅积累了数学活动经验，还能使学生灵活地运用"转化""迁移"等数学方法，发展空间观念和推理能力，培养解决问题的能力，成为课堂中的小主人。

莉丝的数学奇遇

西乡小学五年级（1）班　黄佩林

从前，有一个可爱的小女孩儿，名叫莉丝。

莉丝什么都好，唯独做数学题十分马虎，不是多写个"0"，就是少写个"0"。为此，她常常受到老师的批评、同学们的讥笑，以及父母的指责。可对于这些，莉丝却不以为然："反正'0'所代表的是没有的意思，多一个'0'

少一个'0'也没有什么大不了的嘛！"这一天，因为这事数学老师又当众批评了莉丝，莉丝为此感到不满，以上数学课时讲话来发泄自己的愤怒。数学老师被莉丝气得讲不下课了，看着数学老师恼火的样子，莉丝觉得很解气，心里暗暗叫好。可她并不知道，这一切都被隐藏在教室的仙女看在眼里。仙女决定好好惩罚莉丝。

夜深了，莉丝早早进入甜甜的梦乡。这时，仙女来了，她对莉丝说道："你粗心大意并不算什么，但你不尊重'0'是万万不可的，我要让你尝尝乱写'0'的后果，等你明白了乱写'0'的严重性，我再把你变回现实生活中。"说完，仙女挥挥手中的魔棒，念了几句魔语，就飞走了。

第二天，莉丝起床就发现奇怪的事。她刚一跳下床，床就开始不停地生长，一直长大到快挤破房间，长高到冲破了屋顶才停下来，床好像有了生命似的，大声喊："哇！我原来高70cm的，如今我华丽大变身高从70cm变成了700cm呢！"莉丝听了十分惊讶，而更多的是害怕。她来到客厅，发现桌椅、箱子等在不停地缩小，冰箱、书、衣柜等在不停变大。莉丝害怕极了，她下意识地跑去猪棚看看。猪棚里，原本肥大的猪，竟一个个变成了"老鼠"。从几十斤转变成几十克重了。莉丝开始莫名地紧张起来，她快速跑出屋子。在她出门的一瞬间，房屋有了变化。只见屋子在变小，最后缩小到鸡棚般大小了。看着这一切，莉丝不禁失声大哭。同时她也明白了乱写"0"的后果，因为这些东西的转变正是莉丝昨天所做的数学题变的呀！她更明白昨天梦见的仙女和仙女对她说的话是真实的了。

"呜呜呜呜，仙女姐姐我知道错了！呜呜呜呜。"莉丝大哭着说。这时仙女出现了，她问莉丝："你知道自己的错误了吗？"莉丝擦擦眼泪说："仙女姐姐我知道错了，我不该乱写'0'。"仙女点点头："知错能改就是好孩子！我相信你。"说完，仙女挥挥手中的魔棒，消失了。

莉丝回到现实生活后，改掉了粗心大意的坏毛病，努力学习，成绩越来越好。听说在本次全国数学大赛中，莉丝还获得了一等奖呢！

转化思想在北师大版教材的分布情况

册别	单元	教学内容	蕴含的转化思想
一年级上	三、加与减（一）	10以内数相加减	以分与合"为基础"，并结合图形，转化为数数，同时也在"加与减"中相互转化
	七、加与减（二）	20以内数的加法和不退位减法	利用凑十法将加法转化成十加几得十几进行运算
一年级下	一、加与减（一）	20以内数的退位减法	把减法转化成加法或利用拆数，再运用十以内加减法进行运算
	二、观察物体	从不同方向观察简单物体形状	转化成平面图形
	四、有趣的图形	图形分割和组合	转化成所认识的图形，体会图形间的相互转化
		用七巧板拼图	利用七巧板组合转化成认识的平面图形
	五、加与减（二）	100以内数不退位、不进位加减法计算	整十数加减：把整十数加减整十数转化成几个十加减几个十
	六、加与减（三）	100以内数进、退位加减法计算	非整十数加减：先转化成整十数进行加减，再用十以内加减法，并逐步要求会列竖式。利用凑十法、拆数，转化成20以内加减法
二年级上	三、数一数与乘法	乘法的意义	转化成相同数连加
	五、2–5的乘法口诀	乘法口诀（一）	转化成几个几的加法
	六、测量	厘米与米的关系	厘米与米相互转化

册别	单元	教学内容	蕴含的转化思想
二年级上	七、分一分与除法	表内除法（一）	除法转化成乘法，用乘法口诀（一），求商
		解决问题（求a是b的几倍）	把几倍转化为几个几
	八、6~9的乘法口诀	乘法口诀（二）	转化成几个几的加法
	九、除法	表内除法（二）	除法转化成乘法，用乘法口诀（二），求商
二年级下	一、除法	有余数的除法	转化成加法与乘法
	三、生活中的大数	万以内数的认识	把整百整千数加减法转化为几个百（千）相加减
		万以内数的加减法计算	利用列竖式，转化成20以内加减法计算
	四、测量	长度单位换算	转化成相邻单位间进率10计算
	五、加与减	二位数加减法	把两位数加减法转化成两位数加减一位数和整十数；几百几十加减几百几十转化成两位数加、减两位数
	七、时、分、秒	时、分、秒的换算	转化成相邻间的进率60
三年级上	四、乘与除	整十、整百数乘一位数	把整十、整百数转化成几个十、几个百，转化成表内乘法口算
		整十、整百数除以一位数	把整十、整百数转化为几个十或几个百，转化成表内除法口算
	五、周长	长方形的周长计算	转化成线段长度计算
	六、乘法	两、三位数乘一位数	把两位数乘一位数转化为整十数乘一位数加一位数乘一位数；把三位数乘一位数转化为整百数乘一位数加一位数乘一位数
	七、年、月、日	年、月、日	利用相应进率进行转化
		24时计时法	24时计时法和普通计算法相互转化
	数学好玩	搭配中的学问	转化成路线图分析解决
	八、认识小数	小数加减法计算	结合元、角、分等情境，把小数加、减法转化为20以内数的加、减法

续 表

册别	单元	教学内容	蕴含的转化思想
三年级下	一、除法	三位数除以一位数	转化成整百数除以一位数加上整十数除以一位数，再加上个位数除以一位数
	三、乘法	两位数乘两位数	转化成两位数乘整十数加两位数乘一位数
	四、千克、克、吨	千克、克与吨的换算	利用相邻间的单位进率1000相互转化
	五、面积	长方形的面积	转化成面积单位的个数计算
	数学好玩	我们一起去游园	转化成列表法、假设法解决
		有趣的推理	转化成列表法、实物操作解决
	六、认识分数	同分母（分母小于10）分数加减计算	把几分之几加减几分之几转化为20以内数的计算
四年级上	四、运算定律	简便计算	把复杂的计算转化成简单的计算
	五、方向与位置	确定位置（二）	直角坐标系的雏形转化成数对
	六、除法	除数是两位数的除法	整十整百数除以整十数转化为表内除法，除数是两位数的除法转化为除数是整十数的除法来试商
		商不变的规律	转化成商不变的简单算式，化难为易找规律
	七、生活中的负数	负数的认识	转化成温度
	数学好玩	数图形的学问	转化成线段图
四年级下	一、小数的意义和加减法	十进制分数和小数进行互化	转化成分母是10、100、1000…的分数或是一位小数、两位小数、三位小数……
		小数加减法	转化成整数加减法计算

续 表

册别	单元	教学内容	蕴含的转化思想
四年级下	二、认识三角形和四边形	三角形的内角和	转化成平角
		多边形的内角和	转化成三角形的内角和
		三角形边的关系	转化成线段长度
	三、小数乘法	小数乘法的意义	转化成整数乘法的意义
		小数乘法计算	转化成整数乘法计算
	四、观察物体	看一看	转化成平面图形
		搭一搭	转化成立体图形
	五、认识方程	用字母表示数	转化成用字母表达
		等量关系	转化成简单的文字算式
		解方程	根据等式的性质，转化成最为基本的方程
	六、数据的表示和分析	看统计表画统计图	转化成三种简单的统计图
五年级上	一、小数除法	小数的除法计算	把除数是小数的转化成整数除法计算，再确定小数点的位置
	三、倍数与因数	公倍数与公因数	转化成两个数或多个数共同除以或乘以一个数
		因数与倍数	转化成两个数相乘或相除
		找因数	转化成整数乘法或除法的算式来找
		找质数	转化成因数的个数来找，或摆长方形的形状来找
	四、多边形的面积	平行四边形的面积计算	转化成长方形面积计算
		三角形的面积计算	转化成平行四边形或长方形等面积计算
		梯形的面积计算	转化成平行四边形、三角形或长方形等面积计算

续 表

册别	单元	教学内容	蕴含的转化思想
五年级上	五、分数的意义	分数的再认识	转化成图形或简单的生活现象描述
		真、假分数与带分数	真、假分数与带分数的相互转化
		分数的基本性质	转化成商不变的规律
		通分或分数的大小比较	根据分数的基本性质转化成同分母分数
	六、组合图形的面积	组合图形的面积	转化成学过的简单图形面积计算
		不规则图形面积	转化成规则图形面积来估算
	数学好玩	图形中的规律	转化数字来对应解决，数形结合
		尝试与猜测	转化成列表或是画图来解决
五年级下	一、分数加减法	异分母分数加减法	转化成同分母分数或小数加减法来计算
		分数与小数的互化	转化成一个数除以另一个数，或转化成乘这个数的倒数
	二、长方体（一）	展开与折叠	立体图形转化成平面图形
		长方体的表面积计算	转化成平面图形的面积计算
	三、分数乘法	分数乘法计算	转化成整数的加法，再用分数乘法意义来计算
	四、长方体（二）	长方体的体积	大体积转化成若干个体积单位的个数计算
		有趣的测量	转化成水体积测量
	五、分数除法	分数除法的计算	转化成分数乘法计算
六年级上	一、圆	圆的周长	转化成圆周长与直径的比值，即化曲为直
		圆的面积	转化成平行四边形面积来计算，即化圆为方

册别	单元	教学内容	蕴含的转化思想
六年级上	三、观察物体	观察物体	平面图形转化成立体图形
	四、百分数	百分数的计算	百分数、分数与小数之间相互转化
		百分数的应用	转化成分数或小数的应用
	六、比的认识	比与除法、小数之间的关系	转化成分数或小数、整数除法
		比的基本性质	转化成分数的基本性质或是商不变的规律
		求比值或化简比	转化成分数乘除法的计算
		比的应用	转化成分数、小数或百分数的应用
	数学好玩	比赛场次	化难为易,从简单开始找规律
六年级下	一、圆柱与圆锥	圆柱的表面积	转化成长方形面积+两个圆面积的平面图形面积
		圆柱的体积	转化成长方体的体积计算
		圆锥的体积	转化成圆柱的体积计算
	二、比例	解比例	转化成解方程
	四、正比例与反比例	正比例图像的特点	转化成折线统计图来判断
	总复习	整理与复习	化繁为简,找出知识的网络框架

小学数学教学中"转化思想"渗透的问卷调查表

1. 您的年龄（　　）［单选题］

选项	小计	比例
A. 20～30	16	34.04%
B. 30～40	17	36.17%
C. 40～50	14	29.79%
本题有效填写人次	47	

2. 您从事小学数学教学的时间（　　）［单选题］

选项	小计	比例
A. 5年以下	17	36.17%
B. 6～10年	6	12.77%
C. 10～15年	6	12.77%
D. 15年以上	18	38.29%
本题有效填写人次	47	

3. 您对教材的了解程度是（　　）［单选题］

选项	小计	比例
A. 了解教材的基本内容，但很少进行整体把握	9	19.15%
B. 熟悉每章节的基本内容，能够把握重难点	14	29.79%
C. 系统把握教材，了解章节之间的联系和知识框架	14	29.79%
D. 熟悉教材的内涵和外延，了解教材的设计意图	10	21.27%
本题有效填写人次	47	

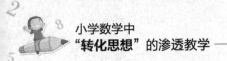
4. 你认为教师在使用教材时应该（　　）〔单选题〕

选项	小计	比例
A. 完全参照教材教学，教会学生基础知识就可以了	2	4.26%
B. 偶尔补充课外内容和教材相结合进行教学	2	4.26%
C. 经常补充教材之外的知识点、习题，做到全面教学	4	8.51%
D. 有效整合教材和教辅资料进行教学，注重转化思想的渗透	39	82.97%
本题有效填写人次	47	

5. 您通常如何组织教学（　　）〔单选题〕

选项	小计	比例
A. 以教材为主，完成教学大纲的要求	7	14.89%
B. 梳理教学内容，挖掘转化思想方法，在教学中潜移默化地渗透	35	74.47%
C. 按照学科的逻辑顺序组织教学	5	10.64%
D. 说不清楚	0	0%
本题有效填写人次	47	

6. 您认为在小学数学教学中数学思想方法与教材所呈现的数学结论哪个更重要（　　）〔单选题〕

选项	小计	比例
A. 前者	42	89.36%
B. 后者	5	10.64%
本题有效填写人次	47	

7. 您认为当前教学的主要任务是（　　）［单选题］

选项	小计	比例	
A. 提高学生的文化素养	36		76.60%
B. 应付考试	1		2.13%
C. 传递数学知识	10		21.27%
D. 没有思考过	0		0%
本题有效填写人次	47		

8. 备课中您会思考（　　）［多选题］

选项	小计	比例	
A. 教什么（教学内容和教学目标）	33		70.21%
B. 怎么教（课程标准理念的实施）	37		78.72%
C. 为什么要这样教（教学理论依据）	36		76.60%
D. 学生的实际认知水平	32		68.09%
本题有效填写人次	47		

9. 您平时的教学中注重转化思想方法的渗透吗？（　　）［单选题］

选项	小计	比例	
A. 非常重视	23		48.94%
B. 比较重视	19		40.42%
C. 不重视	1		2.13%
D. 想重视，但无从入手	4		8.51%
本题有效填写人次	47		

10. 您觉得平时课堂教学中哪些数学领域可渗透转化思想?( )[单选题]

选项	小计	比例
A. 数与代数	1	2.13%
B. 图形与几何	7	14.89%
C. 统计与概率	1	2.13%
D. 综合与实践	6	12.77%
E. 四大领域都有	32	68.08%
本题有效填写人次	47	

11. 如果学生遇到数学问题难以解决时,您会怎么做?( )[多选题]

选项	小计	比例
A. 让他和同学讨论	38	80.85%
B. 老师讲解	26	55.32%
C. 让他画图想办法	35	74.47%
D. 让他用实物摆一摆想办法	30	63.83%
本题有效填写人次	47	

12. 通过转化思想组织教学,您认为最有可能产生的有利变化是?( )
[单选题]

选项	小计	比例
A. 提高学生的学习兴趣	9	19.15%
B. 加深学生对数学的理解	9	19.15%
C. 更好地培养学生的学科素养和精神	28	59.57%
D. 提高学生的考试成绩	1	2.13%
本题有效填写人次	47	

13. 通过转化思想方法组织教学您会担心？（ ）［单选题］

选项	小计	比例	
A. 无法在规定时间内完成教学任务	22		46.81%
B. 无从下手	5		10.64%
C. 教师的时间和精力有限	18		38.30%
D. 影响考试成绩	2		4.25%
本题有效填写人次	47		

14. 您在教学研究的过程中最大的困难是？（ ）［单选题］

选项	小计	比例	
A. 不知道怎样将先进的教育理念转化为教学实践	25		53.19%
B. 不清楚怎样开发课程资源	5		10.64%
C. 学生兴趣不高，很难调动学生的积极性	12		25.53%
D. 不善于组织探究式、合作式学习	5		10.64%
本题有效填写人次	47		

15. 您在教学过程中进行教学研究吗？（ ）［单选题］

选项	小计	比例	
A. 很少，几乎没有	2		4.26%
B. 想过，但不知如何进行研究	14		29.79%
C. 学校要求才会花时间研究	11		23.40%
D. 比较积极进行教学研究	20		42.55%
本题有效填写人次	47		

16. 您在课堂教学的小结环节中，常常会怎么做？（　　）［多选题］

选项	小计	比例	
A. 引导学生小结课堂所学到的知识	35		74.47%
B. 小结新知识用到的数学思想方法	29		61.70%
C. 没有小结，直接巩固练习	4		8.51%
D. 小结解题思路、方法与策略，推广应用	33		70.21%
本题有效填写人次	47		

17. 注重转化思想的教学，您觉得教师应该如何做？（　　）［多选题］

选项	小计	比例	
A. 系统学习培训	32		68.09%
B. 教师首先要有重视的意识	34		72.34%
C. 积极在教学中探索	38		80.85%
D. 无所谓，还是考试重要	4		8.51%
本题有效填写人次	47		

18. 您认为小学数学教学中"转化思想"的渗透设计与实施研究，对于小学数学教师的课堂教学作用如何？（　　）［单选题］

选项	小计	比例	
A. 非常好	33		70.21%
B. 比较好	11		23.40%
C. 一般	3		6.39%
D. 没有必要	0		0%
本题有效填写人次	47		

参考文献

［1］中华人民共和国教育部.义务教育数学课程标准（2011年版）［M］.北京：北京师范大学出版社，2011.

［2］［日］米山国藏.数学精神、思想和方法［M］.成都：四川教育出版社，1986.

［3］［美］M.克莱因.古今数学思想［M］.万伟勋，石生明，孙树本，等译.上海：上海科学技术出版社，2013.

［4］朱学志.数学的历史思想和方法［M］.哈尔滨：哈尔滨出版社，1990.

［5］［美］G.波利亚.怎样解题［M］.涂泓，冯承天译.上海：上海科技教育出版社，2007.

［6］徐利治.数学方法论选讲［M］.武汉：华中工程院出版社，1998.

［7］张奠宙.数学方法论稿［M］.上海：上海教育出版社，2012.

［8］［法］笛卡尔.几何［M］.袁向东，译.武汉：武汉出版社，1992.

［9］［苏］B.A.苏霍姆林斯基.给教师的建议［M］.杜殿坤译.北京：教育科学出版社，1984.

［10］薛松."数的运算"中转化思想的内容与层次［J］.教育与管理，2012（10）.

［11］刘饶琳.将"转化"进行到底［J］.学周刊，2013（9）.

［12］林清.浅谈转化思想方法在高中数学解题中的应用［J］.福建教育学院学报，2008（12）.

［13］燕学敏，华国栋.国内外关于现代数学思想方法的研究综述与启示［J］.数学教育学报，2008，7（3）.

［14］陈建敏.运用转化思想解决数学问题［J］.现代阅读，2012（4）.

［15］马微.转化思想在小学数学"空间与图形"中的应用［D］.南京：南京师范大学，2011.

［16］满慧.小学数学思想方法教学的研究与实践［D］.南京：南京师范大学出版社，2011.

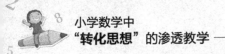

［17］丛品.从教学角度探讨数形转化思想［D］.苏州：苏州大学出版社，
2012.

［18］郑毓信.数学方法论［M］.南宁：广西教育出版社，1996.

［19］马艳.中学数学教学中化归思想方法的应用研究［D］.兰州：西北师范
大学出版社，2009.

后 记

　　我喜欢当老师，因为喜欢，所以我成为了一名数学教师，我喜欢当老师，因为喜欢，所以我知道一个人努力是加法，一群人努力是乘法！我喜欢当老师，因为喜欢，所以我知道了"只有那些始终不忘自己也曾经是个孩子的老师才是真正的老师"的内涵！

　　一个人的成长，不是个体的单独行为，我知道，如果没有家人、朋友、同事和领导对我的关心和厚爱，那么，就不会有今天这本书的出版。

　　记得2008年的9月，我怀揣着希望与梦想来到了深圳市宝安区西乡小学，在西乡小学这座百年老校里，我度过了教师生涯中最难忘的九年。我满怀激情而来，得到了学校领导与老师们的关爱。我在这里成长，收获了事业与生活的成功！

　　如今，当暑期渐渐地向我们走近，离别的感伤开始在校园里氤氲。所有的一切，不管你讨厌还是喜欢，真的要跟我说再见了。在这离别的季节，让我们且行且珍惜。回首过去，我只想对身边的人说一声谢谢！

　　首先感谢我的母亲、我的家里人，他们的爱与宽容始终支撑着我。

　　感谢学校领导，无论是对我工作的支持还是专业的成长，他们都给了我很多的帮助与指导，这一切我都深深地记在了心里。

感谢所有与我共事的老师，我的现在离不开你们当初的关爱。

感谢我所有的学生和朋友，能遇到就是缘分，我会珍惜这份师生情与友情。

感谢这九年所经历的一切，人生不会再有这样的经历，我的人生将会因此而变得更加丰富精彩。

在此，谨向所有关心、支持本书写作与出版的专家同仁们表示衷心的感谢！

亲爱的读者朋友们，谢谢您阅读我这浅显的文字，很高兴能与您分享读书的心得！

罗宜填

2017年7月24日 于深圳